Norddeutscher Rundfunk
Landesfunkhaus Niedersachsen (Hrsg.)

„Mein Kriegsende“

Norddeutscher Rundfunk
Landesfunkhaus Niedersachsen (Hrsg.)

„Mein Kriegsende“

Zeitzeugen aus Niedersachsen erinnern sich

schlütersche

Bibliografische Information Der Deutschen Bibliothek
Die Deutsche Bibliothek verzeichnet diese Publikation in der Deutschen Nationalbibliografie; detaillierte bibliografische Daten sind im Internet über http://dnb.ddb.de abrufbar.

ISBN 3-89993-711-2

Verlag: Schlütersche Verlagsgesellschaft mbH & Co. KG,
Hans-Böckler-Allee 7, 30173 Hannover

Herausgeber: Norddeutscher Rundfunk Landesfunkhaus Niedersachsen,
Rudolf-von-Bennigsen-Ufer 22, 30169 Hannover

Lizenziert durch NDR MEDIA GmbH

Begleitartikel rund um den NDR finden Sie unter www.ndrshop.de

Koordination: Raj Sen Gupta, NDR MEDIA GmbH
Claudia Flöer, Schlütersche Verlagsgesellschaft mbH & Co. KG
Mark Wachsmann, Schlütersche Verlagsgesellschaft mbH & Co. KG

Visuelles Konzept
und Gestaltung: Michael Fröhlich, Hannover

Lithoarbeiten: PER Medien+Marketing GmbH, Braunschweig

Wie kann man das Ende des Zweiten Weltkrieges in Niedersachsen erzählen? Indem man die Niedersachsen ihre Geschichte erzählen lässt. So entstand die Idee zur Sendereihe „Mein Kriegsende“. Das NDR Fernsehregionalmagazin Hallo Niedersachsen und das Radioprogramm NDR 1 Niedersachsen riefen Zuschauer und Hörer auf, von ihrem ganz persönlichen Erleben des Kriegsendes zu berichten.

Die Resonanz auf den Aufruf war überwältigend. Es trafen Briefe mit Aufsätzen, Fotos oder Andenken ein – ganz kleine persönliche Geschichten und Erinnerungen, oft ganze Lebensläufe. Manche auf fünf, andere auf 40 Seiten. Manches handgeschrieben, anderes mit der Maschine getippt. Von der Kinderlandverschickung und der Angst vor den so genannten „Werwölfen“ wurde berichtet, von endloser Flucht und dem ersten Anblick der Alliierten. Redakteure und Reporter sind diesen oft dramatischen Erlebnissen nachgegangen und haben sie für das Fernsehen und den Hörfunk aufgearbeitet.

Entstanden ist ein Erinnerungsschatz über die letzten Monate des Zweiten Weltkrieges, gesehen mit den Augen unserer Zuschauer und Hörer – nun zusammengefasst in diesem Buch. Die Zeitzeugenberichte auf den folgenden Seiten stehen für viele andere mehr – sie sind einzigartig und doch typisch dafür, wie die Niedersachsen den Zusammenbruch des Nationalsozialismus erlebt haben.

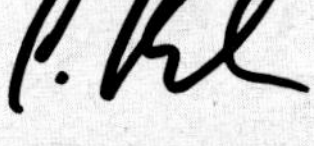

Marlis Fertmann
Fernsehchefin im
NDR Landesfunkhaus
Niedersachsen

Eckhart Pohl
Hörfunkchef im
NDR Landesfunkhaus
Niedersachsen

Max Brink

Der verlorene Glaube

Osnabrück, Anfang 1944

Es waren junge Soldaten. Schüler, gerade 15 Jahre alt, als sie Anfang 1944 als Luftwaffenhelfer zu einer Flugabwehrbatterie eingezogen wurden. Diese lag zum Schutz eines großen Stahlwerkes in Georgsmarienhütte. Ich war einer von ihnen. Und zwar der Jüngste des Jahrgangs 1928, der als letzte Altersstufe zur Flugabwehrkampfwaffe (Flak) verpflichtet wurde.

Tag und Nacht an den Kanonen

Dreimal in der Woche fuhren wir Jungen zu unserer Schule nach Osnabrück, um neben dem Dienst in der Stellung dennoch das Schulpensum zu erreichen und den geistigen Anschluss nicht zu versäumen. In der übrigen Zeit standen wir bei Tage und in den Nächten an der Kanone. Ein erfahrener Geschützführer hatte das Kommando. Alle anderen Gefechtspositionen wurden durch uns Luftwaffenhelfer besetzt, um die älteren Flaksoldaten für die Fronteinsätze in Ost und West freizusetzen. Nur scheinbar waren wir in der fliegerblauen Uniform mit den HJ-Armbinden noch Hitlerjugend, die Wirklichkeit hatte schnell und gründlich Soldaten aus uns gemacht.

Februar 1945

An einem Februartag 1945 wurden wir mit unseren Geschützen auf die Bahn verladen: Es gab einen Stellungswechsel! Die Fahrt führte uns nach Handorf bei Münster. Dort wurde der Luftabwehr-Ring um den Nachtjagd-Einsatzhafen der Luftwaffe durch unsere Batterie verstärkt. Als Ergänzung einer bereits dort stationierten schweren Großkampfstellung der Flak wurde unser Zug mit mittelschweren Geschützen für die Abwehr von Tiefangriffen eingesetzt. Die Luft war hier plötzlich für uns wesentlich eisenhaltiger geworden.

Der junge Max Brink als „Pimpf" – kurz vor seiner Einberufung zur Flak.

Die Front kommt auf uns zu

Der Krieg neigte sich mehr und mehr dem Ende zu. Nach kaum vier Wochen erfolgte ein weiterer Stellungswechsel unseres Flakzuges nach Everswinkel. Hier wurden, wie an vielen anderen Stellen im Lande, an wichtigen Hauptstraßen täglich Tiefangriffe amerikanischer Jagdbomber geflogen. Neben der Reichsstraße 64 verlief eine Bahnlinie zwischen Münster und Warendorf. Fortwährende Tiefangriffe amerikanischer Jagdbomber auf den dort fahrenden Verkehr waren an der Tagesordnung. Aus diesem Grunde wurden diese mobilen Straßenjagdzüge mit schnellen Stellungswechseln innerhalb der Flak-Regimenter eingerichtet. Die Abwehr dieser Tiefangriffe war unsere neue Aufgabe. Ständiger Alarm, zumindest bei Tageslicht, war angesagt. Wir wurden immer stärker gefordert und hier hatten wir auch leider den Verlust der ersten jungen Kameraden zu beklagen. Die Bordwaffen- und Raketenangriffe erfolgten, nachdem wir vom Gegner erkannt waren, zum Teil direkt auf jedes einzelne Geschütz. Schon nach wenigen Tagen wurden wir aus dieser Stellung zurückgezogen. Wir landeten wieder auf unserem alten Platz am Flughafen im Ortsteil Dorbaum. Auch hier bekamen wir es wieder an jedem Tag mit den immer stärker auftauchenden Tieffliegern zu tun. Ein deutliches Zeichen, wie schnell sich die Front des Gegners auf uns zu bewegte.

Uns war nicht wohl

Die alliierten Truppen rückten mit ihren Panzerverbänden immer näher an die Stadt Münster heran. Die jeweiligen Wehrmachtsberichte verhießen für uns nichts Gutes. Inzwischen waren unsere Munitionsbunker mit Panzersprengmunition aufgefüllt worden. Uns war gar nicht mehr wohl dabei, wenn wir an den Einsatz im Erdkampf dachten.

Plötzliche Wende

Doch ganz plötzlich kam eine seltsame Wende. An irgendeiner Kommandostelle musste man wohl die Sinnlosigkeit, mit unseren 3,7 cm-Geschützen den Panzeransturm

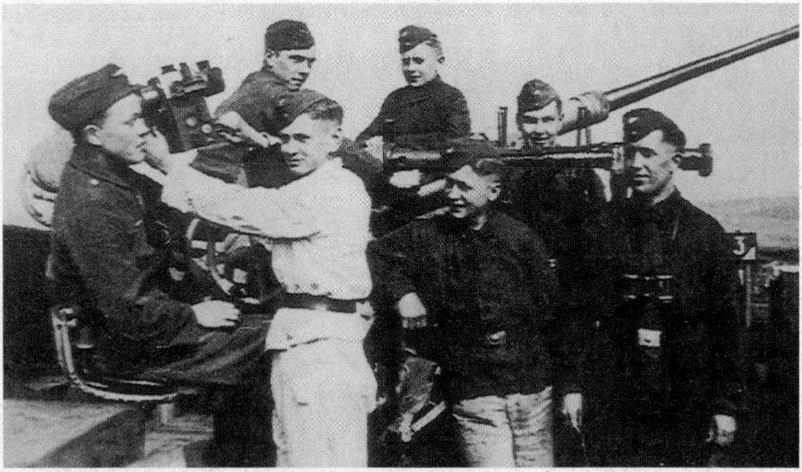

In Feuerbereitschaft: Die Kameraden von Max Brink im Februar 1945.

Als 15-jähriger Luftwaffenhelfer wurde die Luft „wesentlich eisenhaltiger".

aufhalten zu können, eingesehen haben. Wir erhielten den Befehl, die Sprengungen unserer Geschütze vorzubereiten. Am nächsten Abend wurden tatsächlich die Pakete in den Verschlusskammern gezündet und die Geschütze unbrauchbar gemacht. Die Flak-Batterie setzte sich in den Nachtstunden im Fußmarsch in Richtung Westbevern nach Nordosten ab. Wir wussten zunächst nicht, wo wir weiterhin eingesetzt werden sollten, zumal uns auch der Zerstörungsbefehl vom Vortage noch irritierte. Dieser Rückzug der Batterie bestand nur noch aus zwei Zügen und dem Tross. Etwa fünfzig Mann, die schließlich nach einem strapaziösen Nachtmarsch in den Morgenstunden auf einem Bauernhof in Westbevern eintrafen. Hier befahl der Batteriechef seinen Leuten, erst einmal ausgiebig im Stroh einer großen Scheune auszuschlafen. Nicht ohne darauf hinzuweisen, dass er denjenigen, der sich etwa eine Zigarette anzünden sollte, auf der Stelle erschießen werde. Immerhin sollte die „Gastfreundschaft" des Bauern nicht mit Undank belohnt werden.

Entscheidung mit Tragweite

Am Nachmittag kam dann die für uns wichtige Entscheidung. Unser Batteriechef, ein Oberleutnant, löste die gesamte Einheit auf und beendet somit für uns den Krieg. In einem kurzen Appell machte er uns mit der Auffassung bekannt, dass mangels entsprechender infanteristischer Ausrüstung der Einheit er einen sinnvollen Widerstand nicht mehr verantworten könne. Er legte uns nahe, so geschickt wie eben möglich unterzutauchen und heimatliches Gebiet im niedersächsischen Osnabrück zu erreichen.

Die möglichen Risiken dieser bemerkenswerten Entscheidung eines Oberleutnants waren uns Jungen in seiner Tragweite damals wohl kaum bewusst. Immerhin wurde mit zurückflutenden „versprengten" Soldaten, die keinen Beweisgrund ihres Aufenthaltes bieten konnten, mitunter kurzer Prozess gemacht. Nicht nur, was den Befehlsgeber, also unseren Batteriechef, sondern auch jeden Einzelnen von uns betraf. Wir hatten aufgrund der ordnungslosen Situation keine Papiere, mit denen wir die Entlassung von unserer Einheit beweisen konnten.

Rückmarsch

Um nicht besonders aufzufallen, bildeten wir nunmehr einzelne Gruppen und begaben uns auf den „Rückmarsch". Keine Vorsicht wurde dabei ausgelassen. Im Wesentlichen marschierten wir nachts. Am nächsten Morgen erreichten wir niedersächsisches Gebiet (damals noch „Provinz Hannover") in der Gegend von Schwege. Bauern beherbergten und beköstigten uns. Die Erwachsenen sahen, dass wir für unser Alter sehr viel leisten mussten und eigentlich eine verbrecherische Regierung versucht hatte, uns zu verhetzen. Auf diesem Bauernhof spürten wir das in besonderer Weise. Wir konnten über den Tag im Stroh schlafen und wir erhielten alte Zivilkleidung. Unsere Uniformen versteckten wir in der Scheune, um sie später einmal abzuholen.

Taktik

Bei dieser „Einkleidung" in ziviles Outfit stellten wir sogar taktische Überlegungen an. Der Kleinste unserer Gruppe von sieben Jungen erhielt kurze Hosen, die ihn durchaus noch „kindlicher" erscheinen ließen (das meinte jedenfalls die nette Bäuerin). Er sollte in kritischen Situationen unser

„Späher“ sein, da uns nicht wohl gesonnene Menschen oder gar unsere Gegner einen daherspazierenden Jungen kaum als verkappten Soldaten angesehen hätten. Es sollte sich zeigen, dass wir diese Vorsichtsmaßnahme durchaus nicht umsonst geplant hatten.

Im Sturmschritt

Ungeduldig brachen wir schließlich noch vor der Dämmerung wieder auf. Eigentlich etwas zu früh, wie sich bald herausstellen sollte. Wir wollten die Reichsstraße 51 überqueren und inspizierten zunächst hinter einer Wallhecke in Deckung gehend, das Gelände. Zu unserem Schreck beobachteten wir auf der Straße vor uns einen langen Zug deutscher Gefangener, der nach Norden zog. Britische Soldaten in Fahrzeugen begleiteten ihn. Vorerst mussten wir also Geduld haben und in der Deckung bleiben. Plötzlich tauchte hinter uns, quer über die Felder auf uns zukommend, ein polnischer Kriegsgefangener auf, der wohl bis jetzt in der Landwirtschaft arbeiten musste. Er stolperte fast über unsere gut getarnte Gruppe, erschrak sehr und lief laut rufend auf die Engländer zu. Wir konnten nur noch blitzschnell reagieren und, durch die Wallhecke verdeckt, im Sturmschritt den Rückzug antreten. Wir hatten Glück und wurden nicht gefunden. Im Dunkel des späteren Abends verließen wir unser neues Versteck und wanderten, vorerst und in der weiteren Nacht unbehelligt, weiter gen Norden auf den Teutoburger Wald zu.

In der Finsternis der Wälder

Später wandten wir uns, durch immer wieder bemerkte Militärkolonnen und Panzer, wieder mehr nach Nordwesten, um schließlich in der Gegend von Lienen den Teutoburger Wald zu erreichen. Man hatte uns davor allerdings besonders gewarnt, da sich angeblich dort in den Wäldern Einheiten der Waffen-SS verschanzt hatten. Auf unserem Rückmarsch hat kaum jemals größere Vorsicht unsererseits geherrscht, als in der Finsternis dieser Wälder. Wir kamen schließlich in der Morgenfrühe ungeschoren im wunderschönen Kirschendorf Hagen an. Dort hatte einer unserer Kameraden einen Verwandten, einen Gärtnermeister. Er war, weil er verwundet wurde, schon zeitiger aus dem Krieg wieder zu Hause. Die Familie nahm uns freundlich auf und es gab zu essen und zu trinken.

Richtung Osnabrück

Der Krieg war bereits seit zwei Tagen durch dieses Dorf gezogen: Britische Einheiten, die in Richtung Osnabrück vorstießen. Dort war auch unser Ziel. Wir entschlossen uns, nochmals die Gruppe zu verkleinern, um weniger aufzufallen. Es schwärmte immer mehr Militär umher, da wir sozusagen mit der alliierten Front mitgezogen waren, besser gesagt, sie eingeholt hatten.
So zog ich dann gegen Abend, noch bei hellem Licht, mit einem einzigen Kameraden weiter. Wenig später lagen wir wieder mal im Unterholz vor einer tiefer liegenden Straße. Wir warteten, dass sich dort unten das Leben etwas beruhigen wurde, damit wir ungesehen die Straße überqueren und auf der anderen Seite durch Wald und Feld weiter kommen konnten. An dieser Stelle nun, machte ich eine tief greifende und nachhaltige Erfahrung.

„Er wirkte absolut sicher“

Hier ging mir plötzlich und deutlich der letzte Rest eines anerzogenen Glaubens an die Möglichkeit des Sieges endgültig verloren. Die ganzen jungen Jahre, in denen wir nationalsozialistisch erzogen wurden, in denen uns ein gerechtes Deutschland und ein gerechter Krieg eingeprägt worden war, diese festsetzende Zuversicht war mir nun an diesem Dorfrand mit einem Schlag genommen worden. Nicht die Massen von Panzern oder die ebenso große Überlegenheit der Flugzeuge des damaligen Gegners hatten diesen „Absturz“ bei mir herbeigeführt, sondern ein einziger britischer Soldat. Er fuhr, während wir beide hier in der Deckung lagen, ganz allein in einem offenen Jeep sitzend, nur mit einer

MP bewaffnet, auf eben dieser Straße in Richtung Dorf. Der Soldat schien auch nicht die geringste Sorge bezüglich einer Gegenwehr zu haben. Er wirkte absolut sicher. Er vermittelte den Eindruck, der Krieg sei längst vorbei.

Schlaf

Wir haben es in dieser Nacht nicht mehr geschafft, unsere Heimatstadt Osnabrück zu erreichen. Noch einen letzten Sprung machten wir am Nachmittag des nächsten Tages, nachdem wir einige Stunden in einem privaten kleinen Luftschutzbunker einer gastfreundlichen Familie geschlafen hatten.

05. April 1945

Es war der 05. April 1945. An diesem Tage hatten wir es geschafft und Osnabrück erreicht. Wir wunderten uns allerdings, dass alle Straßen wie leergefegt waren und wir keinen Menschen trafen. Wir kamen in eine tote Stadt. Da unser beider Elternhäuser sich in einem Stadtrandbereich befanden, brauchten wir nur eine kurze Strecke um diese zu erreichen.

Glückliche Heimkehr

Glücklich waren nun alle, den unverletzten Sohn wieder in die Arme schließen zu können. Glücklich war natürlich auch ich, die Last der Ungewissheit ablegen zu können. Dies in ganz besonderem Maße, als mich meine Mutter aufklärte, warum wir in eine „tote Stadt" gekommen waren. Am Tage zuvor, als die britischen Truppen in Osnabrück eingezogen waren, hatte es einen der „Werwölfe" gegeben, der aus einem Kellerfenster einen englischen Soldaten erschossen hatte, obwohl die Stadt nicht „kämpfend" sondern ohne Widerstand eingenommen wurde. Als „Strafe" war deshalb für diesen Mittwoch eine ganztägige Ausgangssperre verhängt worden. Mir lief es nachträglich kalt den Rücken hinab, als ich mir ausmalte, nach einigen tage- und nächtelangen Strapazen, in letzter Minute, praktisch vor dem Elternhaus, noch in Gefangenschaft geraten zu sein.

Hart und sinnlos
„Mein Kriegsende“ war eine Episode, in der ich wochenlang noch einmal die besondere Härte und Sinnlosigkeit des Stahlgewitters erfahren musste. Es war auch der Beginn der Zeit, als das Nachdenken eines in der Hitlerjugend erzogenen Jungen begann, warum es eigentlich in den zwölf Jahren der Diktatur so weit hatte kommen können. Ein schockartiger Identitätsverlust wurde abgeschwächt durch die glückliche Heimkehr in die Familie.

Viele Menschen hatten nicht ein solches Glück. Und es sollte auch nicht vergessen werden, dass es Offiziere gab, die eine kämpfende Einheit, die überwiegend aus Jungen im Alter von 16 Jahren bestand, auflöste, weil die Sinnlosigkeit des Kampfes offenbar wurde.

Max Brink ist junger Soldat, als ihm das bevorstehende Ende des Krieges bewusst wird. Die mutige Entscheidung eines Offiziers rettet ihm und seinen Kameraden nach aller Wahrscheinlichkeit das Leben. Brink macht sich auf den gefährlichen Heimweg zu seiner Familie und kommt in eine „tote Stadt“.

Heinz Schwerdtfeger

„Sie waren plötzlich unter uns“

Bei Rügenwalde, September 1944

Meine Heimat war der Ort Köslin in Ostpommern. Dort war ich seit Ostern 1943 in der Verwaltungslehre am dortigen Arbeitsamt. Im September 1944 jedoch musste ich durch Verpflichtung der Organisation Todt mit vielen anderen in der Gegend bei Rügenwalde für die Vorbereitung der zurückweichenden deutschen Front Verteidigungsstellungen bauen helfen. Hier befanden sich so genannte Panzergräben, Laufgräben und Geschützstellungen, die dazu dienen sollten, einen „endgültigen Aufenthalt“ für die russischen Streitkräfte zu bewirken. Natürlich haben sich alle Bemühungen als Farce herausgestellt.

Manche Träne

Für ungefähr zehn Wochen - bis in den November 1944 hinein - musste ich diesem Dienst nachgehen. Meine Angehörigen habe ich sehr vermisst. Mein Vater war eingezogen - zu den Landesschützen. Die drei Brüder waren ebenfalls Soldaten. Meiner Mutter wird die Einsamkeit manche Träne gekostet haben. Darum freute sie sich, als ich im November 1944 wieder bei ihr war.

Der Ernst des Lebens

Doch diese Freude währte nicht lange, denn im Dezember bereits bekam ich den Stellungsbefehl zum Wehrertüchtigungslager. Nun fing für mich wirklich der Ernst des Lebens richtig an. Ich war doch erst im November 1944 16 Jahre alt geworden!

05. Januar 1945

Am 05. Januar 1945 brachte mich meine Mutter zum Bahnhof in Köslin, von wo aus ich die Reise ins nördliche Gebiet der Insel Rügen antreten musste. Ich erinnere mich genau an den Abschied von meiner Mutter – sie konnte so gar nicht loslassen … Ich selbst war aber davon überzeugt, dass alles gut gehen würde, denn das Regime des Dritten Reiches hatte auch bei mir volle Wirkung gezeigt, so dass ich und meine Kameraden überzeugt waren: Es musste einfach so werden, wie man es uns suggeriert hatte!

Acht Wochen Vorbereitung

Im Wehrertüchtigungslager auf der Insel Rügen sah man in uns „Kindern“ genau diese nicht mehr, sondern führte uns durch Wehrmachtsausbilder in die Erwachsenenwelt ein, indem man uns mit dem Gebrauch von Handfeuerwaffen vertraut machte und uns auch alle Tricks der Verteidigung im Gelände nahe brachte. So vergingen für uns acht Wochen feinster Vorbereitung auf das, was man mit uns vorhatte.

März 1945

Mitte März 1945 wurde ich dann ohne Pause dem Reichsarbeitsdienst überstellt. Mit anderen Worten: Du musst gehen, um dort anzukommen. Anzukommen hatte ich im Reichsarbeitsdienstlager rund 30 Kilometer westlich von Stralsund. Meine Kameraden und ich hatten die Möglichkeit, vom nördlichen Teil der Insel Rügen bis zur Hauptstadt Bergen mit der Bahn zu reisen. Ab dort ging es irgendwie nur noch zu Fuß weiter, über den Rügendamm bis nach Stralsund zum Bahnhof. Es war ein weiter Weg! Vom Bahnhof aus fuhr dann für uns ein Zug zum Barackenlager des Reichsarbeitsdienstes. Das Lager hatte den Namen „Eduard von Jackmann“.

„Zuhause“

Hier, in diesem neuen „Zuhause“, machte man uns und auch mich zu willenlosen und sich unterwerfenden Menschen. Den sonst für den so genannten braunen Soldaten des Dritten Reichs vorgesehenen Spaten als Handwerkszeug habe ich nicht zu sehen bekommen; man gab uns die Waffen, mit denen man Menschen töten konnte und dazu die nötige Ausbildung als militärischen Schliff.

Müdes Lächeln

Ja, auch dieses alles gehört für mich zum Kriegsende, denn es rückte für uns kaum wahrnehmbar immer näher – auch, wenn ich es durch das Abschirmen von der Außenwelt fast gar nicht mitbekommen habe. Zu der Zeit war ja die Front der Feinde schon längst im Deutschen Reich und der Feind mag nur ein müdes Lächeln für unsere Bemühungen gehabt haben.

Reinster Horror

So war es dann um den 20. April 1945 herum, als unsere „Führer und Vorbilder“ mich und die anderen als fertige Frontsoldaten dem Feind, den Russen also, Paroli bieten ließen. Man brachte uns in Frontnähe, die sich bereits westlich der Oder, im mecklenburgischen und vorpommerschen Gebiet, befand.
Es war der reinste Horror, denn nun merkten wir den Unterschied zwischen der eingeimpften Theorie und der grausamen Praxis. In den Gebieten, in denen wir uns aufhielten, kamen wir mit den Flüchtlingsströmen in Berührung, deren Anblick aus meiner Erinnerung nicht wieder verschwinden wird. Es war unbeschreibliches Elend, was meine Augen zu sehen bekamen. Ich möchte mir ersparen, hier Näheres niederzuschreiben.

Gen Westen

Für mich gestaltete das Schicksal sich dennoch besser, als es zuerst den Anschein hatte. Denn auch uns gab man den Rückzugsbefehl. So konnten wir – unter anderem auch ich – teilweise dem feindlichen Zugriff entgehen. Dieses bedurfte allerdings großer Kraftanstrengung, denn wir mussten jetzt versuchen, gen Westen zu kommen. Denn dort im Westen nur würde es doch besser werden.

Gefährlicher Rückzug

So sind wir durch lange Fußmärsche davongezogen – die anfängliche Organisation ging total verloren und jeder war mehr oder weniger auf sich allein gestellt. Ich erinnere mich, dass ich gerade eine Flussbrücke passiert hatte und deutsche Pioniere diese Brücke gesprengt haben. Dadurch sollte dem Feind ein Hindernis bereitet werden. Als die Sprengung erfolgte, warf ich mich schutzsuchend auf die Erde und neben mir – ganz nah am Kopf – schlug ein großes Eisenstück ein. Da hat der liebe Gott seine schützende Hand über mich gehalten.

In Gefangenschaft
So vergingen einige Tage des unorganisierten Rückzuges. Um mich waren nur noch wenige bekannte Gesichter, aber doch alles Leidensgenossen. Plötzlich war sie da, die Stunde, in der wir in Obhut kamen. Sie waren plötzlich unter uns: Englische Soldaten. Sie bedeuteten uns, unsere Waffen auf einen Haufen zu werfen. Ich muss heute noch sagen: Es fiel uns allen sogar etwas schwer, denn man kam sich wie entmündigt vor. So waren wir denn in Gefangenschaft. Unüberschaubar war alles. Soldaten aus allen Truppenteilen fanden sich aus allen Richtungen auf einer großen Wiese zusammen. Die englischen Bewacher versuchten, etwas Ordnung einzubringen.

Schlafen im Erdbunker
Es war wohl am nächsten Tag, da führte man uns in langen Kolonnen einem Ziel entgegen und dieses lag am Schweriner See. Dort mussten wir Erdbunker ausheben. Diese wurden unser Schlafdomizil. Es war eine Grube, einen Meter tief und vielleicht fünf Meter mal fünf Meter breit, auf die auf einer Bretterlage Stroh und Erde gedeckt waren. Hier war mir und allen anderen bewusst: Jetzt war Kriegsende! Die Verpflegung war schlecht und das körperliche Befinden noch schlechter. Aber irgendwie ging alles weiter und durch Jammern wurde nichts besser.

Per Güterzug nach Schleswig-Holstein
In dieser Situation vergingen die Tage und einige Wochen bis zu einem neuen Aufbruch. Das Lager am Schweriner See wurde aufgelöst und man brachte uns per Güterzug nach Schleswig-Holstein. Ich habe es so empfunden, dass dieses heutige Bundesland nur mit deutschen Kriegsgefangenen besiedelt und hermetisch abgeriegelt war.

Hunger und Durst
Im Gefangenenlager habe ich Hunger und Durst in unbeschreiblichem Ausmaß kennen gelernt. Bei dem Freigang, den ein jeder hatte, war man hinter allem her, was irgendwie zum Essen war. So habe ich zum Beispiel Erbsenblüten gegessen und Wasser aus einem Flüsschen getrunken, das bestimmt nicht sauber war.

Auch war Brennnessel sehr beliebt, die im Kochgeschirr (aber ohne Salz) gekocht wurde. Leider wurde sie bald sehr knapp.

Juli 1945
So verging die Zeit bis zum Juli 1945. Endlich ging meine Gefangenenzeit zu Ende. Nach einigen Umwegen kam ich in das Lager, von dem aus die Entlassungen vorgenommen wurden. Bloß jetzt stellte sich für mich die Frage: Wohin? Ja, wohin? Auch da tat sich eine Lösung auf: Man konnte sich als Erntehelfer in der Landwirtschaft melden und dieses tat ich sofort.

„Du brauchst einen Vormund“
Natürlich hatte ich von diesen Arbeiten keine Ahnung und es ergab sich eine neue Schwierigkeit: Ich war mit 16,5 Jahren noch zu jung und man bedeutete mir: „Du brauchst einen Vormund.“ Ein älterer Kamerad hat sich meiner angenommen. Er war aus Ebern bei Bad Zwischenahn. So nahm er mich denn mit und wir wurden zum Arbeitsamt nach Bad Zwischenahn gebracht, wo ich zur Arbeit in der Landwirtschaft vermittelt wurde. Bis zum Mai 1946 blieb ich dort und es gelang mir endlich, wieder Kontakt mit meiner Mutter zu bekommen, die im Februar 1946 in den Westen gekommen war. Hier an dieser Stelle kann ich endlich sagen: Es ist mein Kriegsende!

Heinz Schwerdtfeger muss mit gerade 16 Jahren in ein Lager des Reichsarbeitsdienstes. Als Frontsoldat westlich der Oder erlebt er das unbeschreibliche Elend der Flüchtlinge. Nach dem Rückzugsbefehl gerät er in englische Gefangenschaft.

Erna Kriesten

„Heil Hitler und auf Wiedersehen!“

Ludwigshafen, November 1944
Im Reichsarbeitsdienst dienstverpflichtet von 1941–1945 war ich zu Beginn der letzten Monate des Zweiten Weltkriegs 21 Jahre alt und Vorgesetzte einer Jungführerin und 40 Arbeitsmaiden. Im November 1944 wurden wir von Grünstadt nach Ludwigshafen versetzt. Dort musste von den gerade mal 17-jährigen Maiden der Straßenbahnverkehr aufrechterhalten werden, da Zivilpersonen nicht mehr zum Dienst kamen.

12. Dezember 1944
Als Behausung wurde uns ein Raum im Straßenbahndepot zugewiesen und eine Wohnung in der Mittelsbachstraße 28. Wir arbeiteten im Schichtdienst, Tag und Nacht war Fliegeralarm. Wir waren bald so müde, dass wir fast im Stehen einschliefen. Am 12. Dezember 1944 erwischte es uns, wir wurden ausgebombt. Durch meine Kontrollfunktion hatte ich praktisch doppelten Dienst und war an diesem Tag auf meinem Bett in der Wohnung in der Mittelsbachstraße so fest eingeschlafen, dass ich den Alarm nicht hörte. Plötzlich rüttelte mich meine Jungführerin wach, zog mich hoch, schnell Mantel und Stiefel an und raus. Gerade auf der anderen Straßenseite angekommen, erhielt das Haus einen Treffer und fiel zusammen.

Freudentränen
Wir lagen uns in den Armen und weinten vor Freude, dass wir noch am Leben waren. Wir erreichten den Luftschutzkeller, alle freuten sich mit uns. Als dann Entwarnung kam, gab der Luftschutzwart bekannt, welche Häuser nicht mehr standen. In der Not geschah dann Zauberhaftes. Die Frauen, die ihr Haus oder ihre Wohnung noch hatten, gaben bekannt, wie viele Schlafstellen sie noch hatten und genau so viele Ausgebombte nahmen sie auf.

Stellungswechsel
Übrig blieben wir, ohne ausreichende Kleidung, ohne Essen und Trinken, lediglich der Raum im Straßenwagendepot war noch verblieben. Dort standen zwei Betten übereinander, ein langer Tisch und zwei Bänke. Vier Maiden konnten dort im Bett liegen, wir anderen auf den Bänken sitzen und schlafen. Mitten in der Nacht dann Stellungswechsel, von der Bank ins Bett und umgekehrt.

Kurzerhand nach Hause geschickt
Für ein paar Tage gelang es mir, für die Maiden wenigstens das Essensproblem zu lösen. Wir zogen zum Helfen von Essensausgabe zu Essensausgabe in Schulen, Kirchen und Sportstätten. Bei jeder Ausgabestelle ließ ich drei bis vier Maiden zum Helfen zurück, dafür bekamen sie eine warme Mahlzeit. Nach fünf Tagen war aber auch diese Quelle erschöpft. Kurzerhand schickte ich alle Maiden nach Hause, hier in Ludwigshafen hätten sie auf keinen Fall überlebt.

„Heil Hitler und auf Wiedersehen!“
Selbst nur mit dünnem Schlafanzug, Mantel und Stiefel bekleidet, vor Kälte fast erstarrt, meldete ich mich auch selbst bei der Straßenbahndirektion ab und sagte denen, dass ich mich bei meinen Eltern in Göttingen neu einkleiden, aufwärmen und satt essen wollte. Die Herren dort hatten gar kein Verständnis für mich und waren sehr aufgebracht, weil ich meine Maiden nicht länger der Kälte, dem Hunger und dem Tod auf Straßenbahnen im Bombenhagel aussetzen wollte. Angesichts dessen sagte ich: „Heil Hitler und auf Wiedersehen!“

Zu schnell aufgetaut
Ein Soldatenzug nahm mich mit nach Göttingen. Als mich die Soldaten mit meiner spärlichen Bekleidung sahen, haben sie mich mit dem wenigen, was sie noch hatten, verwöhnt. Mein zuvor abgesetztes Telegramm war zu Hause angekommen, mein Vater stand mit dem Fahrrad schon am Bahnhof. Meine Mutter hatte für mich ein Bett schön aufgewärmt, doch welch böses Erwachen. Am nächsten Morgen war ich vollkommen steif. Der Hausarzt kam und sagte meiner Mutter im Scherz, sie hätte mich nicht zu schnell auftauen sollen. Zwei Spritzen, abends konnte ich mich wieder bewegen.

Anzeige erstattet

Nach drei Tagen, am 19. Dezember 1944, einen Tag vor meinem Geburtstag, erhielt ich ein Diensttelegramm mit dem Befehl, mich sofort in Neustadt an der Weinstraße bei meiner Vorgesetzten zu melden. Die Straßenbahndirektion in Ludwigshafen hatte Anzeige erstattet, weil ich die Maiden nach Hause geschickt hatte, man forderte, mich vors Kriegsgericht zu stellen. Vorläufig passierte jedoch nichts, ich wurde in das Lager Iggelheim bei Worms als Gastführerin eingewiesen.

März 1945

Im März 1945 begann die Flucht. Wir hatten den Befehl, uns mit 60 Arbeitsmaiden in Ulm zu melden, zu Fuß natürlich. Die Rheinbrücke in Worms sollte gesprengt werden. Dies gab mir wiederum Veranlassung, gemeinsam mit anderen Führerinnen, unsere Maiden nach Hause zu schicken. Ich nahm die Verantwortung dafür auf mich, sollte ich doch sowieso vors Kriegsgericht. Es waren doch 17-jährige Mädchen, die vor Angst und Heimweh nicht mehr ein noch aus wussten.

„So geht es Verrätern“

Wir Führerinnen machten uns dann dem Befehl entsprechend auf den Weg nach Ulm. Unterwegs fanden wir drei Flakhelfer, 17 bis 18 Jahre alt, die an einem Baum mit den Füßen nach oben zu Tode aufgehängt waren. Ein Schild hing an ihnen: „So geht es Verrätern“. Wir waren so betroffen, was sollten wir tun? Zum Glück kamen zwei Soldaten, die uns beruhigten und uns die traurige Arbeit abnahmen, die Jungen abzuschneiden und gut abgedeckt an die Seite zu legen. Im nächsten Dorf sagten wir Bescheid, damit sie abgeholt werden konnten.

Deckung in der Ackerfurche

In Ulm wurden wir in einem leer stehenden Haus erwartet, es waren nur Führerinnen da, wir staunten nicht schlecht, alle hatten ihre Maiden nach Hause geschickt. Nun kam eine 300-prozentige Vorgesetzte, die uns auf das Schlimmste beschimpfte, sie befahl uns, selbst zum Bauern zur Arbeit zu gehen, die Bevölkerung müsse sehen, dass der Krieg noch nicht zu Ende sei. Wir begaben uns dort hin, an Arbeit war wegen der ständigen Tieffliegerangriffe jedoch nicht zu denken, ich lag mehr in der Ackerfurche in Deckung, als dass ich auf dem Feld arbeitete.

Zu Fuß nach Hause

Inzwischen hatte ich im Radio gehört, dass Göttingen total zerschossen sei, vor allem der Flughafen, genau dort wohnten meine Eltern, jetzt trieb es mich nach Hause. Eine Kameradin schloss sich mir an, zu Fuß nach Hause zu laufen. Die große Reise begann. Zunächst von Ulm nach Augsburg und Fürstenfeldbruck.

Am Tage konnten wir uns nicht sehen lassen, wir wollten nicht aufgegriffen und eingesperrt oder aufgehängt werden. Nachts war es bitterkalt und wir hatten nichts mehr zu essen. Auf unserer Suche nach einer Unterkunft wurden wir in Krankenhäusern abgewiesen, sie brauchten keine Hilfe.

Täglich einen Zentner Kartoffeln

Erst im Luftwaffenlazarett Fürstenfeldbruck hatten sie Hilfe nötig, dort hatten sich zwei Ärzte, zwei Krankenschwestern und Patienten, die laufen konnten, abgesetzt. Ein alter Medizinalrat aus dem Ort sprang ein – er, zwei Assistenzärzte und zwei Schwestern konnten aber nicht alle Patienten versorgen. Wir kamen also gerade recht, mussten aber versprechen, alle anfallenden Arbeiten zu verrichten. Täglich einen Zentner Kartoffeln schälen, putzen, Patienten füttern und verbinden.

Große Augen, weiße Zähne

Plötzlich waren die Amerikaner da. Man hatte uns beigebracht, dass schwarze Amerikaner jede weiße Frau vergewaltigen würden. Als sie da waren, lachten sie und machten sich über uns lustig, kontrollierten jeden Verwundeten – sie suchten nach SS-Soldaten. Mit der MP im Arm liefen sie ums Haus, durch den Park, sie vermuteten, dass sich Soldaten versteckt hätten. Noch nie zuvor hatte ich einen „Schwarzen“

gesehen. Die großen Augen und die weißen Zähne (für mich gefletscht), machten uns Angst, so hatte man uns beeinflusst.

Auf dem Operationstisch

Auf dem Operationstisch hatten wir einen angeschossenen SS-Soldaten liegen. Schnellstens holten wir eine alte Uniform, seine verbrannten wir und der Arzt schnippelte erst einmal die eingebrannte Nummer unter dem Arm heraus, legte den Arm in Gips und um den Kopf einen Verband, erst dann holte er die Kugel heraus.

Zähne zusammenbeißen

Inzwischen war das Licht ausgegangen, meine Kameradin und ich mussten mit einer Laterne in der Hand leuchten, bis die Operation beendet war. Noch nie hatte ich einen Operationssaal von innen gesehen, meine Laterne wackelte manchmal, so schlecht ging es mir. Es half nichts, Zähne zusammenbeißen und ja nicht brechen. Es gelang, wofür uns der Doktor später sehr lobte. Inzwischen stand ein amerikanischer Soldat mit der MP hinter dem Arzt, er war überzeugt, dass unser Patient sein SS-Soldat war, den er angeschossen hatte.
Gott sei Dank hatte er den ersten Teil der Operation nicht mitbekommen, so hatten wir mal wieder einem jungen Menschen das Leben gerettet.

„Alle verwundet!“

Nun kamen die Amerikaner mit einem offenen Lastwagen auf der Landstraße von München angerast, sie mussten die deutschen Gefangenen auf das Flugfeld bringen. Sie fuhren wie die letzten Henker.
Immer wieder kippten an unserer Hecke in einer Kurve die Wagen um, wir liefen raus und holten so viele wie möglich zu uns ins Haus. Den Amerikanern riefen wir zu: „Alle verwundet!“ Auf Tragen und Rollstühlen transportierten wir sie. Insgesamt passierte so etwas dreimal. Auf diese Weise hatten wir uns auch einige Hilfskräfte ins Haus geholt, es waren ja nicht alle tatsächlich verletzt.

Weggeworfen wie Müll

Die Gefangenen bekamen ganz wenig zu essen und zu trinken, die Nächte waren noch sehr kalt. Eines Nachts gab es dann eine gewaltige Schießerei, einige hatten versucht, auszubrechen. Am Tag darauf kamen die Amerikaner mit einem Plattenwagen, Soldat neben Soldat. Dann hieß es warm kalt, warm kalt; Warme durften wir reinholen, die Toten kamen in unserer Nähe in ein großes Loch, wie Müll weggeworfen. Ich möchte nicht wissen, wie viele Eltern bis heute keine Ahnung haben, wo ihr Sohn geblieben ist. Einen Tag darauf wurde ein 17-jähriger Flakhelfer gebracht. Beide Füße erfroren, er schrie bei jeder Behandlung fürchterlich.

Wie mein Bruder

Wieder wurden Soldaten auf Plattenwagen gebracht. Ein toter Soldat sah aus wie mein Bruder. Ich krallte mich an ihm fest und wollte ihn nicht hergeben. Ich weinte und schrie, es sei doch mein Bruder, er sollte nicht in das Loch geworfen werden. Als eine MP auf mich gerichtet wurde, nahm unser Doktor meine Hände von ihm und brachte mich ins Haus, er musste mir eine Beruhigungsspritze geben. Es stellte sich später heraus, dass es nicht mein Bruder war, dieser war mit vielen tausenden Fliegern als Hermann Göring-Spende in die letzte Gegenoffensive in die Normandie geschickt worden. Sie sind alle gefallen.

Tasche, Schlafsack, Lebensmittel

Nun stellte ich falsche Entlassungspapiere aus. Einen schönen dicken Stempel vom Lazarett darauf, der dicke Stempel war für die Amerikaner das Wichtigste. Das ging so bis eine junge Frau auf einmal bei unserem Eingang stand und mich hinauswinkte. Sie sagte mir, dass sie zu Fuß nach Hause wolle, sich aber allein nicht traue. Ich war sofort dabei, nur eine Bedingung hatte ich: Den Flakhelfer mit den erfrorenen Füßen wollte ich auf einem Fahrrad mitnehmen, er konnte nicht laufen und musste täglich verbunden werden. Sie war einverstanden – sie war Krankenschwester. Sie hatte einen alten quietschenden Kinderwagen aufgetrieben, in den wir unsere Sachen, ich meine Reisetasche, meinen Affen (Rucksack), Schlafsack und Lebensmittel packten. Oben drauf sehr viel Verbandszeug, Salbe, Pflaster.

Sehen, wie es weiterging

Am anderen Morgen begann die Reise. Der Junge konnte seine Füße auf die Pedalen stellen und sich am Lenkrad festhalten, ich schob ihn. Wir waren nicht lange allein, sogar auf Krücken liefen sie auf der Landstraße herum. Von den Lebensmitteln hatten wir nicht lange etwas. Wir haben einfach abgegeben, mussten eben sehen, wie es weiterging.

Mäuse und Ratten

Nachts schliefen wir in ehemaligen Luftschutzkellern oder in Scheunen, wo uns Ratten und Mäuse ärgerten, was für mich der Horror war – ich hatte doch mächtige Angst vor ihnen. Da kam mir mein Schlafsack sehr recht, oben bis auf ein Luftloch zugezogen. So ging es bis Augsburg, Donauwörth und Rotenburg. Hier musste ich mich von meinem Flakhelfer trennen, er wurde sehr freundlich von einem Radfahrer mitgenommen. Inzwischen hatte ich mir einen bösen Husten zugezogen. Meine Kameradin hatte sich ebenfalls schon verabschiedet.

Eine Zigarre und Kaffee

Nun traf ich auf einen etwa 45-jährigen Mann mit Fahrrad, welcher sich meiner annahm. Er stellte sich als ehemaliger Zahlmeister vor, hatte auf dem Gepäckträger einen Karton in der Größe von 40 x 30 x 30 Zentimeter, in welchem sich die feinsten Tauschobjekte verbargen. Mein Fahrrad hatte zwischenzeitlich zwei platte Reifen, weshalb ich es schob. Es war eine große Belastung für mich, trotzdem musste ich es mitnehmen, weil es mir nicht gehörte. Auf unserem Weg kamen wir zu einem kleinen Bauernhof – Oma und Opa waren zu Hause, es roch gut nach Essen, mir lief das Wasser im Munde zusammen. Opa bekam eine Zigarre und Oma Bohnenkaffee, worüber sie sehr begeistert waren. Als Gegenleistung bekamen wir dafür ihr Essen: Eintopf mit Schweinefleisch. Beim Abschied gab mein Zahlmeister und Schutzengel ihnen noch einmal eine Zigarre und Kaffee.

Ein Bett zum Schlafen

Nun ging es nach Marktbreit, Schweinfurth und Bibra. Dort hatte eine einzige Gaststätte offen. Eine wunderbare Wirtin, sie hatte schon viele Wanderer aufgenommen, sie nahm uns auch noch. Als sie meinen Husten hörte, gab sie mir ein Bett zum Schlafen, Milch mit Honig und eine Schnitte Brot. Alle anderen durften auf dem Fußboden in der Gaststätte liegen. Für mich hatte mein Zahlmeister bestimmt etwas nachgeholfen. Wir hörten, dass die Russen auf dem Vormarsch waren, weshalb es schnell in Richtung Witzenhausen ging. Leider musste nun auch mein Zahlmeister in eine andere Richtung, zuvor gab er mir ein paar Ledersohlen, meine hatte ich durchgelaufen. Es ging dann in wechselnder Besetzung weiter.

Ansteckungsgefahr

In der Höhe von Witzenhausen kamen die Amerikaner vorbei. Mit zwei zehnjährigen Jungs, die ein Boot hatten, wurde über die Werra gesetzt. Die Straße nach Eschwege ging bergauf, an der Kreuzung stand ein Wachposten mit einer MP. Er ließ niemanden ohne Ausweis durch. Ich versteckte mich im Graben, hustete aber immer mehr.
Da kam eine Krankenschwester vorbei, die ein Fahrrad schob und die wissen wollte, wer denn da so hustete. Ich meldete mich und sie holte mich aus dem Graben, gab mir die Anweisung, um so heftiger zu husten je näher wir zum Posten kämen – die Amerikaner hätten furchtbare Angst vor Ansteckung, der Posten würde mich bestimmt nicht filzen.

Nur noch geradeaus

So war es auch, sie sagte ihm „ins Krankenhaus“, und wir konnten weitergehen. Sie gab mir dann den Rat, so schnell wie möglich zu laufen oder auf dem kaputtesten aller Fahrräder zu fahren, um heute noch in Göttingen anzukommen. Sie riet mir außerdem, durch das Lager Friedland zu gehen – das sei näher und die Landstraße sei gut zu begehen. Gesagt, getan, die Bewohner in Friedland winkten mir zu, ich konnte aber nur noch geradeaus sehen und ging so schnell wie möglich weiter.

Sperrstunde

Um 18.40 Uhr kam ich in Göttingen, Reinhäuser Landstraße, an. Ein etwa zehnjähriger Junge sagte mir: „Tante, Du siehst aber traurig aus, wo willst Du denn hin? Um 19.00 Uhr ist Sperrstunde, da darf keiner mehr auf der Straße sein.“

Ich dankte und schickte den Jungen zurück, damit er pünktlich zu Hause war.

Ein ganzes Glas Erdbeeren
Nun stand ich endlich in der Immelmannstr. 2 vor der Gartenpforte. Meine Mutter kam zwar aus dem Haus, hörte aber mein Rufen nicht. Wahrscheinlich hatte ich gar keine Stimme mehr. Da war es um mich geschehen, ich fiel einfach um. Unsere Nachbarin hatte das gesehen, holte meine Eltern und meine Schwester. In der Wohnküche wachte ich in den Armen meiner Mutter auf. Alle weinten und lachten und, was ich besonders süß fand, meine Mutter sagte: „Ich habe ein ganzes Glas Erdbeeren für Dich aufgehoben.“

Betroffen
Arbeit gab es für mich keine, ich fiel unter das Amnestie-Gesetz. Trotzdem meldete ich mich beim Arbeitsamt an. Mein Vater hatte das Fahrrad repariert und ich fuhr damit. Vor dem Arbeitsamt hatte ich das Rad mit einer Kette fest angeschlossen und trotzdem hatten sie es mir gestohlen. Voller Sorge lief ich nach Hause, meine Kameradin wollte sich doch irgendwann das Fahrrad bei mir abholen. Dieser Tag kam, sie glaubte mir kein Wort und fuhr wütend nach Hause. Es hat mich sehr betroffen, hätte ich das Fahrrad doch einfach unterwegs weggeworfen! Da der Krieg zu Ende war, kam ich nicht mehr vor das Kriegsgericht – ein Glück!

Erna Kriesten wird am Ende des Krieges als Vorgesetzte von 40 Arbeitsmaiden nach Ludwigshafen versetzt. Als es nichts mehr zu essen gibt, schickt sie die Maiden gegen den Willen ihrer Vorgesetzten nach Hause. Für die 21-jährige Erna Kriesten beginnt damit die Flucht vor dem Kriegsgericht und der beschwerliche Fußweg in ihre Heimatstadt Göttingen.

Gisela Parnitzke

Auf der Flucht

Garben im Kreis Wohlau in Niederschlesien, Januar 1945
Meine Geschwister und ich konnten uns nicht ein rechtes Bild daraus machen, was der Vater da in der Scheune am Ackerwagen herumwerkelte. Heimlich hatte er ein Gestell auf den Wagen gezimmert und mit dem Wohnzimmerteppich zu einem Planwagen umfunktioniert, der vor Schnee und Kälte uns und die Habseligkeiten, die man mitnehmen musste, schützen sollte. Da waren die Säcke mit den Federbetten, allerlei Lebensmittel und Bekleidung mitzunehmen. Einen großen Platz nahm das Futter für die zwei Pferde ein. Zwei Ziegelsteine und ein Blech dienten als Ofen, um unterwegs Essen abzukochen. Das Beladen musste auch inoffiziell geschehen, denn bis zur letzten Minute wurde die Evakuierung, trotzdem es jeder wusste, verheimlicht.

Bereit zur Abfahrt
Tage vorher musste Vater zum Volkssturm. Herr Sommer, der als Treckführer fungierte, kam uns am frühen Morgen des 21. Januar 1945 wecken, mit der Aufforderung, dass um 7.00 Uhr Mutter mit dem Gespann bereit zur Abfahrt auf der Straße stehen müsse. Wir Kinder verkrochen uns vor der Kälte schützend auf dem Wagen, unter die Bettensäcke oder ins Heu. Plötzlich fiel mir ein: Meine Puppe, meine Puppe, ich hatte ja meine Puppe vergessen!

Dem Schicksal überlassen
Ich wollte noch einmal vom Wagen die Puppe im Haus holen, aber Mutter, die tausend Dinge im Kopf hatte, ließ es nicht zu. Heute kann ich sie verstehen. Was war schon eine Puppe in der fürchterlichen Situation. Was mag in der Mutter vorgegangen sein, urplötzlich den wohlgeordneten Hausstand, Haus und Hof, das immer gut versorgte Vieh, die Kühe, die Schweine, das Geflügel im Stich zu lassen? Große Mengen Futter wurden noch einmal hingeworfen, die Kühe losgebunden, die Ställe aufgemacht, so wurde das

Vieh seinem Schicksal überlassen. Wahrscheinlich hat Mutter die Kühe am Morgen noch schnell abgemolken, damit sie fürs Erste die Milch los waren.

Die erste Etappe

Im Oberdorf blieben zwei Männer zurück. Sie sollten, so lange es ging, das Vieh in den Bauernstellen versorgen und die Kühe abmelken, damit sich die Euter nicht entzünden. Unsere beiden Hunde mussten auch zurück bleiben. Dann setzte sich die Karawane langsam in Bewegung, Abschied vom sicheren Zuhause, von der warmen Stube. Wir waren auf der Landstraße bei eisiger Kälte. Vermutlich in Steinau oder Leubus ging es bei großem Gedränge über die Oder. Das erste Nachtquartier soll in Johnsdorf, westlich Liegnitz, etwa 45 Kilometer vom Ausgangspunkt Garben entfernt gewesen sein. Eine beachtliche Leistung für ein Pferdegespann. Die Wirtsleute, die auch schon auf gepackten Koffern saßen, hatten uns gut aufgenommen. Wir schliefen in frisch bezogenen Betten. Es war eine Wohltat nach der ersten anstrengenden Etappe auf dem kalten Pferdewagen. Auf der Hinfahrt ins Gebirge hatten wir immer gute Quartiere. Das sollte sich, als wir von den Russen eingeholt waren, bei der Rückkehr drastisch ändern.

Reißaus

Je näher wir dem Gebirge kamen, desto unwirtlicher und bergiger wurde die Landschaft. Hoher Schnee erschwerte den Pferden das Fortkommen. Steile Abhänge taten sich auf. Ein Absturz in so eine Schlucht wäre unser Ende gewesen.

Wir aus dem Flachland hatten an unserem Wagen keine Bremsen. An abschüssigen Wegstrecken, denn wir mussten ja das Bober-Katzbachgebirge überqueren, half nur als Bremse ein Rad zu blockieren, wenn die Pferde es nicht mehr schafften, den Wagen zurückzuhalten. Das besorgte mein kleiner neunjähriger Bruder Adolf, in dem er einen Knüppel in die Speichen steckte. Auch sonst hat der kleine Kerl versucht, seinen Mann zu stehen und den Vater zu ersetzen. Ludwigsdorf, östlich von Hirschberg, sollte Endstation sein. Aber nach 14 Tagen mussten wir wegen der nachdrängenden Russen weiter. Auch die Ludwigsdorfer nahmen Reißaus.

Zurück in die Heimat

Volgtsdorf, zwischen Hirschberg und Bad Warmbrunn, war auf unserem beschwerlichen Weg nun unsere letzte Station, wo uns die Russen bald einholten. Wir mussten bis in die halbe Nacht auf der Straße warten, bis wir bei einem Bauern ein Quartier zugewiesen bekamen. Mutter musste erst gehörig mit dem Treckführer ins Gericht gehen, sonst hätten wir die ganze Nacht auf der Straße gestanden. Damals war sich eben jeder selbst der Nächste. Mutter machte sich bei dem Bauern so gut es ging nützlich, damit unsere Pferde mit versorgt wurden, denn das mitgebrachte Futter war längst aufgebraucht. Wir Kinder genossen unbeschwert die Winterfreuden im Gebirge und standen zum ersten Mal auf Skiern. Beeindruckt war ich von einer Fahrt mit dem Bauern nach Hirschberg. Dort bekam ich Hinterwäldler zum ersten Mal eine Straßenbahn zu Gesicht und konnte auch ein Stück damit fahren. Im Frühjahr half Mutter noch mit unseren Pferden bei der Feldbestellung. Eines Tages wurde ein Gerücht in Umlauf gebracht: „Wer nicht wieder nach Hause kehrt, verliert das Heimatrecht." Wer es in die Welt gesetzt hatte, die Russen oder die Einheimischen, die verständlicherweise die Flüchtlingslast wieder loswerden wollten, keiner weiß es. Also setzte sich unser Treck wieder in Bewegung Richtung Garben.

Schutzlos

Wir waren wieder auf der Landstraße, schutzlos allen Schikanen der Russen und Polen ausgeliefert. Es dauerte auch nicht lange, da fand ein Russe Gefallen an einem unserer Pferde. Aber wir hatten noch Glück im Unglück, denn er gab uns dafür sein halb verhungertes Panjepferdchen. Die Übernachtungen in Scheunen oder auf dem Wagen waren schrecklich. Ungeziefer zuhauf. Belästigungen, besonders der Frauen, gab es jede Nacht. Ein Russe glaubte in mir eine Frau vor sich zu haben und versuchte mich an einem Bein vom Wagen zu ziehen. Ich schrie kotzjämmerlich. Als er sah, dass er ein Kind vor sich hatte, ließ er von mir.

Mit den Nerven am Ende

Die Wagen durften nicht unbewacht bleiben, sonst waren sie am anderen Morgen ausgeplündert. Das war auch nicht ganz einfach, denn die Sieger liefen ja alle bewaffnet herum. Mutter war nach der letzten Plünderung in Liegnitz mit den Nerven völlig am Ende. Sie fasste einen festen Plan: „Wenn es über die Oder geht, schmeiße ich euch Kinder alle auf der Brücke ins Wasser und springe hinterher!" Wie ich Mutter kannte, konnte man das für bare Münze nehmen.

In die äußerste Ecke

Deswegen, je näher wir der Oder kamen, je größer wurde meine Angst, dass Mutter wahr macht was sie gesagt hat. Ich verkroch mich auf dem Wagen in die äußerste Ecke, dass Mutter mich nicht zu packen kriegen sollte und erlebte fürchterliche Angst, als der Wagen über eine Behelfsbrücke der Russen rumpelte. Die Oderbrücken waren ja alle gesprengt. Mutters Verzweiflungstat war wohl nicht durchführbar, weil andere Wagen nachdrängten und das Ende der Odyssee in greifbare Nähe gerückt war.

Bild der Verwüstung

Die Sorge, wie werden wir unser Zuhause vorfinden, war groß. Hat es Kriegshandlungen gegeben? Ist unser Gehöft zerschossen oder abgebrannt? Von weitem sah man, dass dem Dorf nichts passiert war. Aber zu Hause angekommen, bot sich ein Bild der Verwüstung. Die Soldateska, die unsere Gastfreundschaft in Anspruch genommen hatte, hatte es mit der Wohnlichkeit nicht so genau genommen. Alle Wohnräume waren verwüstet und verdreckt. Das Vieh verschwunden, tote Schweine lagen im Garten und von meiner geliebten Puppe fand ich später nur noch beide Arme und den Kopf im Keller. Bis auf die Kartoffelmiete, die wie ein Wunder unberührt war, war nichts Essbares mehr vorhanden. Das mitgebrachte Huhn, ob es Eier legte weiß ich nicht mehr, wurde eines Tages von heimwärts ziehenden Zwangsarbeitern mitgenommen, die auf der Suche nach Lebensmitteln alle Gehöfte durchstöberten. Nach dem Großreinemachen ging es erst einmal ans Kartoffelnstecken, denn es war ja schon Mitte Mai nach unserer Rückkehr. Das zweite Pferd, unsere gute Lotte, und das Russenpferdchen hatten die Russen auch inzwischen weggeholt. Protestieren half nicht – es war lebensgefährlich, sich mit den bewaffneten Soldaten anzulegen.

Jämmerliches Schreien

Als Mutter die Russen ausschimpfte, wurde sie ans Scheunentor gestellt und ein Russe machte Anstalten, sie zu erschießen. Mein jämmerliches Schreien muss einen zweiten Soldaten erbarmt haben, der die böse Absicht seines Kameraden verhindern konnte. Auch mein kleiner Bruder Adolf kam in die brenzlige Situation. Er hatte einen zugelaufenen Hund lieb gewonnen und wollte ihn einem Russen nicht hergeben. Als dieser Adolf erschießen wollte, half nur noch unser Zureden, dass Adolf den Hund hergab. Meine beiden älteren Schwestern, Gerda und Ilse, 16 und 17 Jahre, waren natürlich für die Russen begehrliche Objekte. So war es ein stetiges Versteckspiel zwischen ihnen und den Russen. Es kehrte erst Ruhe ein, als wir von Offizieren Einquartierung bekamen, die solche Belästigungen unterbinden konnten.

Juli 1945

Anfang Juli 1945 mussten wir erneut und zwar für immer Garben verlassen. Die polnische Besiedlung Schlesiens hatte auch unser Dorf erreicht. ob jemand gesagt hatte, wo wir hinzugeben hätten, weiß ich nicht. Wir zogen, unserer Pferde beraubt, nur noch mit einem Handkarren immer westwärts Richtung Görlitz, um über die Neiße zu gelangen, auf Gebiet, das nicht von den Polen kontrolliert wurde. Leider misslang unser Vorhaben. In dem Dorfe Paritz, nur noch etwa 30 Kilometer vor Görlitz, wurden wir von den Russen abgefangen, in verlassene Häuser gesteckt und zur Erntearbeiten gezwungen. Erst hatten wir mit den Familien Drescher und Gehlich, sowie dem Ehepaar Burkert, insgesamt zwölf Personen, einen leeren Raum mit demolierten Fenstern zugewiesen bekommen. Geschlafen wurde auf Stroh. Später bekamen wir eine Etage in einem anderen Haus, wo jede Familie eine Stube mit einigen Möbeln für sich hatte. Abends wurde ein Balken vor die Stubentür gerammt, damit man vor unliebsamen Gästen, Russen wie Polen, in der Nacht Ruhe hatte.

Im Straßengraben verscharrt

Da Erntearbeit natürlich ohne Bezahlung oder Verpflegung ablief, musste Mutter bei den Polen um Essbares betteln. Dadurch hatte unser Leidensweg dort erst richtig begonnen. Durch Hunger geschwächt, sind mehrere aus unserem Dorf verstorben – Frau Pilz mit Tochter, Frau Drescher, die Mutter von Frau Gehlich. Erst durften wir sie noch auf dem Friedhof im Nachbarort Siegersdorf beerdigen. Dann wurde es durch die Polen verboten. So musste Frau Goldbach aus Garben im Garten beerdigt werden. Meine Schwester Gerda hatte noch die Kraft das Grab zu schaufeln. Herr Goldbach verstarb an Schwäche auf dem Weg von Garben nach Paritz. Er wurde im Straßengraben notdürftig verscharrt – das ist leider der richtige Ausdruck.

Hunger

Auch mein kleiner Bruder und ich erkrankten am Hungertyphus und lagen halb besinnungslos danieder. Mein Bruder fiel im Delirium aus dem Bett und kugelte sich dabei Knie und Hüfte aus. Dies wurde erst später erkannt, als er wieder zu Kräften kam und aufstehen wollte, was nicht mehr ging. Das Knie konnte ein Schäfer noch einrenken, aber das Hüftgelenk war in der Zwischenzeit halb zugewachsen. Nur eine Operation konnte helfen – im Westen, wozu ein polnischer Arzt Mutter riet. Aber da konnte sie mit dem Jungen nicht hin, die Russen hielten uns ja noch bis Juli des folgenden Jahres in Paritz fest.
Später hatte es meine Eltern noch viel Kampf bei den Behörden gekostet, damit die Behinderung meines Bruders als Kriegsschaden anerkannt wurde. Ich glaube, mein Bruder und ich haben unser Leben Mutters Cousine zu verdanken, weil wir ohne sie kaum den Hungertyphus überstanden hätten. Sie arbeitete in der Russenküche und brachte uns heimlich öfter etwas Fleischbrühe mit, die uns halb Leblosen von Mutter löffelweise eingeflößt wurde. Später wurde mein Bruder noch mit dem Handwagen in die Schule gefahren. Im Marienstift in Hannover hat man durch Operationen das Hüftgelenk soweit hingekriegt, dass er wieder ohne Gehhilfen laufen konnte.

Deutsches Gebiet!
Wohin wir restlichen Garbener schließlich nach erneuter Ausweisung im Güterzug abtransportiert wurden, war völlig ungewiss. „Hoffentlich nicht nach Russland", war unsere bange Sorge. Auf der Fahrt wurde immer durch die Luftschlitze im Waggon gelugt. An den deutschen Bezeichnungen der Bahnhöfe stellten wir freudig fest, dass wir uns über deutsches Gebiet bewegten. Dass wir eines Tages in Westdeutschland landen würden, daran hatte wohl keiner so recht geglaubt.

Glück im Unglück
Über das Vertriebenen-Durchgangslager Uelzen gelangten wir per Bahn nach Harsum bei Hannover, an einem Sonntag, hier war tiefster Frieden. Fein gekleidete Leute sah man spazieren gehen. Und was kam da für ein Lumpenpack an! Die Einheimischen werden verständlicherweise die Nase gerümpft haben und wir haben uns geschämt für unseren jämmerlichen Zustand. Per LKW wurden wir mit Familie Gehlich nach Bledeln geschafft und wurden erst einmal in der Schule untergebracht. Aber wieder hätten wir einmal Glück im Unglück: Kurz vor der Ausweisung aus Garben, kam noch eine Postkarte von Vater an. Er teilte uns mit, dass er nach einer Verwundung in Soßmar im Kreis Peine bei einem Bauern unter gekommen sei.

„Wie siehst du denn aus?"
Noch am selben Tag nach der Ankunft in Bledeln fragten wir Einheimische, ob sie den Ort Soßmar kennen würden. „Ja, das ist nicht weit, da können Sie heute noch hingehen", wurde uns gesagt. Sogleich machte sich Mutter mit mir auf den Weg. Allerdings auf unnötigen Umwegen, denn wir hatten gelegentlich noch unkundige Flüchtlinge nach dem Weg gefragt, die uns falsch berieten. Schuhe hatte ich nicht mehr, nur Lumpen um die Füße. So schlumperten wir über die Landstraßen, dem Wiedersehen mit Vater entgegen. Vater war erst in Soßmar nicht zu finden, bis er bei

Bekannten aufgestöbert wurde. Das Wiedersehen war nur ein Geheule. Keiner kriegte ein Wort heraus. Vater hat wohl sagen wollen: „Ida, wie siehst du denn aus – abgeschunden und halb verhungert.“ Mutter dachte: „Adolf, wie siehst du denn aus.“ Durch den Einschuss unter dem linken Auge, war Vaters Gesicht völlig entstellt.

„Das könnt ihr doch nicht machen!“

Damals wollte ein kleiner Trupp des Garbener Volkssturms, dem Vater zugeteilt war, die Russen zurückschlagen. Mit veralteten Flinten gegen eine hochgerüstete Armee. Die Anführer befahlen auch noch Frontalangriff über ein offenes Feld. Vater, der bereits Erfahrung aus dem Ersten Weltkrieg hatte, sagte noch: „Das könnt ihr doch nicht machen, die schießen uns doch ab wie die Hasen.“ Aber Befehl war Befehl. Als sie aus der Deckung traten, wurden sie nach wenigen Schritten mit Maschinengewehrfeuer eingedeckt. Nur Vater blieb, im Gesicht schwer getroffen, am Leben.

Kein Zuckerlecken

Vaters Arbeitgeber, Bauer Wittenberg, war sehr daran gelegen, dass wir als Bauernfamilie zuzögen. Denn mit den ausgebombten Städtern konnte er nicht viel anfangen. Die Bauern brauchten dringend Arbeitskräfte, denn die vielen Zwangsarbeiter waren nach Beendigung des Krieges heimwärts gezogen. Die ersten Jahre in Soßmar waren auch kein Zuckerlecken. Vater bekam bei voller Verpflegung 30 Reichsmark als Arbeitslohn im Monat. Dadurch waren wir oft so knapp an Geld, dass wir die Lebensmittelmarken nicht abkaufen konnten.

Der Verlust der Heimat

Die Bauersleute hatten nie Not gelitten und konnten sich dadurch nicht in unsere schwierige Situation hinein denken. (Sie waren aber auch leidgeprüft: Beide Söhne blieben im Krieg, die einzige Tochter musste nach einem Unfall an inneren Verletzungen sterben.) Mutter hatte auch mit das Melken übernommen, aber Milch gab es dafür nicht, die mussten wir bei einem anderen Bauern kaufen. Die Rübenzeit im nächsten Jahr, vereinzeln und mehrmals hacken, brachte uns zu bescheidenem Wohlstand. Jede Mark wurde gebraucht, denn wir mussten den gesamten Hausstand neu beschaffen. Wir waren ja so gut wie mit nichts hier angekommen. Vater hat den Verlust seiner Heimat, seines Bauernhofes nie verwinden können. Auch dass er einem anderen Herrn dienen musste. Das führte kurz oder lang zur Katastrophe. Vor Gram bekam er mehrere Herzinfarkte, die ihn völlig aus der Bahn warfen und ihn zum Frühinvaliden machten. Nun war Mutter wieder der Haupternährer, am Anfang mit 68 Pfennigen Stundenlohn bei einem Bauern. Wir Kinder verdienten auch alle schon etwas, ich mit 15 Mark im Monat als Stütze im Pastorenhaushalt.

Schlimme Zeiten miteinander geteilt

Familie Gehlich, unsere Leidensgenossen, hatten keine glücklichen Momente wie wir, die wir außer Bruder Adolf wieder fast unbeschadet nach den Kriegswirren zusammen gefunden hatten. Herr Gehlich musste als aktiver Soldat in den Krieg. Schwer verwundet hat er die Pogrome der Tschechen am Kriegsende in einem Prager Lazarett nicht überstanden. Frau Gehlichs Schwester, „Tante Herta", wie wir Kinder sie nannten, übernahm mit die Vaterrolle. Sie hatte bei Bauer Hapke in Bledeln die Versorgung des Kuhstalls übernommen und konnte somit vom Lohn und Naturalien zum Überleben der Familie beitragen. Das blieb so, bis Tante Herta im Alter aus dem Leben schied. Nach unserer Trennung, als wir von Bledeln zu Vater nach Soßmar zogen, war uns, als hätte man eine Familie auseinander gerissen, wo wir beiden Familien Gehlich und Bleul doch so schlimme Zeiten mit einander geteilt hatten. Darum besuchten wir uns auch aus Heimweh, die erste Zeit abwechselnd jeden Sonntag zu Fuß – über Clauen, Algermissen, Lühnde und umgekehrt. Die Verbindung zwischen unseren Familien ist nie abgerissen. Sie dauert fort bis zum heutigen Tage.

Während der Vater zum Volkssturm berufen wird, muss Gisela Parnitzke aus dem schlesischen Bauerndorf Garben mit ihrer Mutter und den Geschwistern mitten in den Kriegwirren Haus und Hof zurück lassen. Es beginnt eine gefährliche Flucht in die Ungewissheit.

Johanna Gerlinde Lenz

Ritt auf dem Kanonenrohr

Rohringen, Januar 1945

Im Januar 1945 wurden die Weihnachtsferien verlängert. „Kohleferien" hieß es, denn es gab auch für die Schulen kein Heizmaterial mehr. Eines Abends wurde im Rundfunkempfänger wieder angesagt, dass Bombergeschwader im Anflug seien. Bald darauf war im Südwesten ein beängstigendes Grollen zu hören. Der Himmel rötete sich. Es kam nicht von der Sonne, denn als es dunkel wurde, blieb das unheimliche Glühen. „Das ist über Kassel!", stellte mein Großvater fest. Immer mehr Leute versammelten sich auf der Dorfstraße und dachten mit Bangen an die Städter. Sie sahen den Feuerschein und hörten das Todesgeräusch, das über 50 Kilometer Entfernung hinweg ein leises war.

„Da hinein gehe ich nicht!"

In meinem Elternhaus war auch ein Luftschutzkeller eingerichtet. Es standen zwei lange Bänke darin. Ein paar Mal hat sich meine Familie auch in das Gewölbe geflüchtet. Großvater aber blieb eigensinnig: „Da hinein gehe ich nicht!" Er stand an der Hoftür und beobachtete die Bomber, die silbern in der Sonne blitzten. Einmal kamen sehr viele, sie flogen besonders tief und es dröhnte laut. Mutter schimpfte: „Opa hat einen Dickkopf! Er sollte herunterkommen!" In diesem Moment ein ohrenbetäubender Knall! Großvater flitzte die Kellertreppe hinunter. Nun hatte er doch Angst bekommen.

Groß wie ein Haus

Später erzählten uns die Nachbarn, ein Flugzeug hätte sich von dem Verband abgesondert und sei immer weiter zurückgeblieben. Ob es einen Defekt gehabt hat? Jedenfalls hatte es eine Bombe abgeworfen, um Ballast loszuwerden. In den nächsten Tagen pilgerten immer wieder Dorfbewohner, vor allem die Kinder, zu dem riesigen Krater auf einem Acker hinter dem Dorf. Er war so groß, dass man ein Haus hätte hineinstellen können. Die Suche nach den Bombensplittern wurde ein beliebtes Spiel.

Magenbataillon

Ein Tag Anfang April: Ich war inzwischen zwölf Jahre alt geworden. Ich verstand nicht viel von den politischen Ereignissen, wusste aber, dass der Krieg nun ganz nah bei uns war. Die Ängste und Besorgnisse der Erwachsenen spürte ich. Wo mochte Vater sein? Er musste trotz seiner Magengeschwüre wieder einrücken. Alle Magenkranken waren in einem Magenbataillon zusammengefasst und noch einmal an die Ostfront geschickt worden.

Im Osten die Russen

Wir hatten erfahren, dass die Amerikaner kurz vor Göttingen standen. Vielleicht waren sie inzwischen auch schon in der Stadt? Im Osten waren die Russen nah. Wer von ihnen würde wohl zuerst hier eintreffen?

Abzeichen am Ärmel

Die polnischen Landarbeiter, die auf den Höfen der abwesenden Bauern bisher fleißig und willig gearbeitet hatten, waren plötzlich nicht mehr so einsatzbereit. Sie standen in Gruppen zusammen und sprachen eifrig miteinander. Eine Polin zeigte auf das Abzeichen am Ärmel meiner Kletterweste – so hieß die gelbbraune Jacke der BDM (Bund Deutscher Mädel), die ich selbstverständlich trug – ich sollte es abtrennen.

„Meine Eltern und Schwestern!"

Am Nachmittag wieder Alarm. Wir sahen von unserem Berg aus, wie schwere Bomber langsam und tief auf Göttingen zu flogen. Dunkel und bedrohlich hoben sie sich vor dem westlichen Himmel ab. Plötzlich klinkten sie Bomben aus. Kurz danach eine Detonation, noch eine und noch eine! Waren es drei oder vier? Mutter war leichenblass geworden: „Meine Eltern und Schwestern!", flüsterte sie. Zu der Zeit waren Kontaktaufnahmen nicht mehr möglich. Die Omnibusse, die zuletzt nur noch von Holzgas angetrieben den Berg hinauf gekrochen waren, fuhren schon seit Wochen nicht mehr. Mit dem Fahrrad oder zu Fuß wagte sich jetzt niemand in die Stadt und wer hatte schon ein Telefon? Im Dorf gab es nur einen Apparat bei der Poststelle. Die Unruhe blieb, bis die Nachricht durchsickerte, dass die Bomben auf den Güterbahnhof und den Maschmühlenweg gefallen waren. Ferner wurde bekannt, dass die Stadtväter Göttingen sogleich den Angreifern übergeben hatten, um eine weitere Zerstörung zu verhindern.

Wann kommt der erste Amerikaner?
Es folgten Tage der Stille und des Wartens. Wann wird der erste Amerikaner eintreffen? Immer wieder schauten die Dorfbewohner besorgt nach Westen die Landstraße hinunter, aber die lag ganz verlassen da. Doch auf einmal kamen Kinder und riefen: „Panzer kommen die Chaussee herauf!" Wirklich! Bald hörte man ein Brummen, das sich schnell näherte. Einige Mutige liefen an die Straße und schauten den Ungetümen entgegen. Schließlich wagten es auch die Ängstlichen, allen voran aber die Kinder, die nicht durch ihre Mütter zurückgehalten wurden. Ich war natürlich auch dabei! Für uns war das endlich ein Ereignis nach der langweiligen Zeit. Der Boden zitterte unter der Erschütterung durch die schweren Kettenfahrzeuge. Wir winkten den Amerikanern zu und die warfen uns Schokolade und Kaugummi herunter.

Panzer vor dem Haus
Plötzlich scherte ein Panzer aus dem Konvoi aus und bog langsam und sichernd in die Dorfstraße ein. Ich bekam große Angst, lief, so schnell ich konnte, heim und berichtete es aufgeregt der Mutter. Da hielt der Panzer schon direkt vor unserem Haus. Zwei Soldaten stiegen aus der Luke, sprangen auf die Straße und öffneten das große Lattentor. Das schwere Fahrzeug mit dem bedrohlichen Kanonenrohr rasselte auf den Hof. Was sollte das bedeuten? Mutter und Großvater schlossen schnell Fenster und Türen. Durch die Gardine sahen sie, dass die Soldaten sich auf dem Hof umschauten. Sie schienen unschlüssig zu sein und palaverten eine Weile, bis sie wieder in den Panzer hineinkletterten. Irgendetwas hatte ihnen nicht gefallen. Das Ungetüm setzte auf die Straße zurück, walzte dabei den Zaun nieder und fuhr anschließend auf einen Bauernhof in der Nachbarschaft. Dort quartierten sich die Amerikaner für einige Zeit ein. Ihr Panzer hatte eine Panne.

Mai 1945

Seit zwei Wochen waren nun schon die amerikanischen Soldaten im Dorf. Sie zeigten sich freundlich, niemand fürchtete sich vor ihnen. Manchmal kamen sie zwar in die Häuser und suchten mit vorgehaltenem Gewehr in Kellern und Kammern nach Schnaps, Wein oder Eiern, aber dabei hatten sie mehr Angst als die Bewohner, denn es konnte sich ja noch irgendwo ein deutscher Soldat versteckt haben. Alkohol fanden sie nirgends mehr, aber Eier und was der Hof sonst noch bot, gaben die Bauern ihnen gern. Dafür bekamen sie auf dem Tauschwege amerikanische Konserven und Zigaretten.

Erste Englischkenntnisse

Ich kletterte mit den anderen Kindern der Nachbarschaft auf dem Panzer herum und ritt auf dem Kanonenrohr und probierte meine ersten Englischkenntnisse aus. Die „Amis" spaßten mit uns und verwöhnten uns mit „chocolate", „chewing gum" und „cakes".

Glückliches Wiedersehen

An einem schönen Maitag radelte ich mit meiner Mutter zum ersten Mal wieder in die Kreisstadt. Wir trafen die Großeltern und Verwandten gesund und wohlbehalten an. Glücklich umarmten wir uns und freuten uns sehr, dass der Krieg zu Ende war.

Johanna Gerlinde Lenz erlebt das Kriegsende in einem kleinen Dorf vor den Toren Göttingens. Kurz nach der Einnahme der Stadt fahren die Amerikaner, von den Dorfbewohnern bang erwartet, die Chaussee herauf. Vor allem für die Kinder damals eine echte Überraschung: Es gibt Kaugummi und Schokolade!

Otto Bleeck

„Vergib mir, ich habe mein Bestes getan"

Emden, Anfang 1945

Anfang 1945 wurde ich zu einer Panzerabwehrkompanie eingezogen. Mein Glück, es waren nur sechs Kilometer von Emden, meiner Heimatstadt, entfernt. Die Kompanie bestand aus Soldaten, die auf Urlaub zu Hause waren und nicht mehr zu ihren Einheiten zurück konnten, sowie 16-, 17-jährigen wie mir, die zum Teil schon eine militärische Ausbildung hinter sich hatten. Man hat damals sicher gedacht, dass man mit uns noch den Krieg gewinnen könnte.

Verlegung nach Dänemark

Wir wurden in der Handhabung von Panzerfäusten und Haftminen zur Vernichtung von Panzern ausgebildet. Gott sei Dank ist es dazu nicht mehr gekommen. Eines Tages hieß es, wir sollten nach Dänemark verlegt werden. Mit gut 15 Mann fuhren wir unter dem Kommando eines Maates, der unser Gruppenführer war, per Fahrrad zu einem Weserhafen, von wo aus wir nach Dänemark einschiffen sollten.

Zurück ins Lager

Weit kamen wir nicht, unser Gruppenführer war nämlich so besoffen, gewollt oder nicht, das weiß ich nicht, dass wir ständig eine Pause einlegen mussten, weil er vom Rad fiel. Wir haben vielleicht 20 Kilometer zurückgelegt, als ein Kradmelder kam und die Meldung zur Umkehr brachte, da feindliche Truppen uns wohl schon den Weg abgeschnitten hätten. So kamen wir wieder zurück ins Lager.

April 1945

Im April muss es gewesen sein, da kam der Alarm, dass niederländische Häftlinge auf der Flucht seien.
Mit Viehwaggons kamen sie aus Wilhelmshaven, wo sie im KZ „Schwarzer Weg" inhaftiert waren, um nach Delfzijl in

die Niederlande transportiert zu werden. Dort sollten sie per Schiff aufs Meer gefahren und versenkt werden. Im Bahnhof von Norden gelang vielen bei einem Aufenthalt die Flucht. Sie wollten an die Ems und dann mit einem Boot hinüber nach Holland, in die Freiheit. Aber dazu kam es nicht. Um und in Norden lagen Tausende von Soldaten, so auch unsere Einheit, und wir hatten den Befehl, die Häftlinge wieder einzufangen. Wir wussten schon Bescheid, wo wir zu suchen hatten. Wir fuhren etwa zehn Kilometer bis Marienhafe. Bei einem Bauern in der Ortschaft Tjüche fanden wir zwei Häftlinge schlafend auf dem Heuboden. Andere saßen bei Bauern am Mittagstisch.

Zu Fuß nach Norden

Unsere beiden Häftlinge musste ich zum Marktplatz nach Marienhafe bringen, von wo aus sie per LKW nach Norden gebracht werden sollten. Leider kam es dazu nicht. Es war kein LKW da und so musste ich die beiden zu Fuß nach Norden bringen. Sie liefen vor mir her und ich fuhr auf dem Fahrrad, die Knarre auf dem Rücken, hinter ihnen. Ich hatte bis dato weder etwas von KZ-Lagern noch von KZ-Häftlingen gehört. Diese beiden Jammergestalten, man verzeihe den Ausdruck, sahen wirklich so aus, wie man das später in Filmaufnahmen sehen konnte. Sie konnten sich kaum auf den Beinen halten und mussten alle Augenblicke in die Büsche, weil sie die Ruhr hatten.

Ausgeschüttet und zertreten

Kurz vor Norden kam uns ein Wehrmachtskübelwagen entgegen und hielt an. Ein Hauptmann der Wehrmacht und ein Parteimensch in gelber Uniform stiegen aus. Zuerst wurde ich von dem Hauptmann zusammengestaucht, denn ich hätte den Karabiner nicht auf dem Rücken, sondern im Anschlag unter dem Arm tragen müssen. Die Häftlinge hätten mein Fahrrad schieben müssen. Im Grunde hatte er sogar Recht. Meine Entschuldigung, dass ich zwar jung, aber den beiden trotzdem körperlich überlegen wäre, ließ er nicht gelten.

Der Parteimensch hatte inzwischen die Tasche der Häftlinge untersucht und eine Blechdose, in der sie zwei gekochte Eier und einen Kanten Brot aufbewahrten, ausgeschüttet und auf der Straße zertreten.
Mit dem Befehl, die beiden zum Bahnhof zu bringen und zwar so, wie der Hauptmann es mir gesagt hatte, waren wir entlassen. Ich habe die beiden dann bei der Bahnhofswache abgeliefert und mich auf den Weg ins Lager gemacht.
Am 08. Mai 1945 war der Krieg zu Ende und wir, die wir aus Norden waren, haben die Kleiderkammer geplündert, unseren Seesack gepackt und uns auf den Weg nach Hause gemacht.

08. Mai 1945
Mein Kamerad Helmut und ich kamen in Norden an. Auf einer Kreuzung an der Hauptstraße kam uns plötzlich ein Pulk Frauen und Männer entgegen gestürmt, die mit Geschrei über die Straße rannten. Da kamen mir die Geschichten aus dem Lesebuch in den Sinn, die von der Revolution in Frankreich oder dem Ersten Weltkrieg berichteten. „Mensch, Helmut“, sagte ich. „Komm, lass uns verschwinden, wenn die uns in Uniform sehen, schlagen sie uns tot.“ Aber tatsächlich wollte der Trupp nur eine Panzersperre wegreißen, die auf der Brücke aufgestellt war.

Die Suche nach den Holländern
Doch zurück zu den zwei Holländern: In meiner Jugend habe ich darüber nicht mehr viel nachgedacht. Später schon mehr und ich habe mich gefragt, was wohl aus ihnen geworden ist und was ich hätte anders machen können.
Als Mitglied im „Vereen oostfreeske Taal“, einem Verein für ostfriesische Sprache und Kultur, bezog ich die Vereinszeitung „Diesel“ und da las ich meine Geschichte mit den Holländern, geschrieben von dem damaligen Vorsitzenden, Johannes Diekhoff. Den habe ich sofort angerufen und ihm erzählt, dass ich diese Geschichte persönlich erlebt habe. Er bat mich, dies auf unserem ostfriesischen Platt aufzuschreiben und er würde das auf der alljährlichen Zusammenkunft der Ex-Häftlinge in Wilhelmshaven am 14. April vorlesen.

Das waren wir!

Gesagt, getan und zwei Anwesende haben sich gemeldet: „Das waren wir!“ Kurze Zeit später bekam ich einen Brief. Aus Leeuwarden in Friesland schrieb mir Jan van D., dass er einer der beiden Häftlinge gewesen sei, die ich gefangen genommen hatte.

Er und sein Kamerad, Sake S., auch aus Leeuwarden, hätten meinen Brief gelesen, in dem ich die damaligen Vorkommnisse geschildert und mich für das, was man ihnen angetan hatte, entschuldigt hatte. Beide hatten den Wunsch, mich wieder zu sehen.

Hunger und Prügel

Ich habe sofort bei ihm angerufen und da ich recht gut holländisch spreche, hatten wir mit der Verständigung kein Problem. Ich habe sie dann zu mir eingeladen und bei Kaffee und Kuchen kamen wir ins Gespräch über damals, weshalb sie überhaupt inhaftiert worden sind: Sie sollten Ende 1944, Anfang 1945 in eine Molkerei nach Leipzig gebracht werden, um dort zu arbeiten. Doch das wollten sie nicht und so waren sie untergetaucht, wurden jedoch von Belgiern, die mit den Nazis sympathisierten, verraten und ins KZ nach Wilhelmshaven gebracht. Sie hatten es dort sehr schlecht. Hunger und Prügel waren an der Tagesordnung, sie mussten bei der Trümmerräumung in der Stadt helfen.

„Oh Gott, Otto!“

Ich sagte, dass ich später nachgedacht habe, ob ich sie nicht hätte mit nach Hause nehmen und verstecken sollen. „Oh Gott, Otto!“, sagte Jan van D. da, „gut, dass Du das nicht getan hast. Wahrscheinlich würden wir jetzt nicht hier sitzen. Irgendjemand hätte uns verraten.“

So ist da noch eine Freundschaft entstanden und aus Feinden wurden Freunde. Feinde? Schließlich waren wir ja alle Friesen, sie West- und ich Ostfriese.

Leider ist Sake S. inzwischen gestorben. Ich bekam die traurige Nachricht zusammen mit einem Gedicht, in dem mir ein Spruch besonders gut gefallen hat:

„Wenn ich einst meine Augen schließ
und das Leben fliegt heraus
Und man fragt: war es gut oder mäßig?
War es flott oder würdevoll?
Dann bleib bei der Frage nicht länger stehn.
Vergib mir, ich habe mein Bestes getan.“

„As ik eens mijn ogen sluit
En het leven vliegt eruit
En man vraget: Was het goed of matig?
Was het volt of statig?
Blijf bij die vraag niet langer staan.
Vergeef me, ik heb mijn best gedaan.“

Otto Bleeck aus Emden musste als 17-jähriger zwei holländische Soldaten gefangen nehmen und zu Fuß nach Norden bringen. Viele, viele Jahre später sitzt er mit den beiden an einer gemütlichen Kaffeetafel.

Horst Könneker

Begegnung mit einem „Cowboy"

Schellerten, Februar 1945

Im Februar 1945 wurde ich nach einem Bombenangriff aus Hildesheim nach Schellerten zu meiner Tante und meinem Onkel gebracht. Dort lebte auch schon meine fünf Jahre ältere Schwester.

22. März 1945

Am 22. März 1945 wurde beim großen Angriff auf Hildesheim auch mein Elternhaus zerstört und die Restfamilie (die Eltern, zwei weitere Schwestern und ein Bruder) zog zunächst ebenfalls ins Haus meiner Tante und meines Onkels.

26. April 1945

Am 26. April 1945 war ich mit meinem Vetter Eberhard (der zweieinhalb Jahre älter war als ich) am nordöstlichen Ortsrand von Schellerten unterwegs, um Löwenzahn als Futter für unsere Kaninchen zu sammeln. Als wir uns beide auf einer Weide in der Nähe der Reichsstraße 1 (heutige B 1) befanden, beobachteten wir in Höhe des dortigen Bahnüberganges (jetzige ICE-Strecke Hildesheim - Braunschweig) Truppenbewegungen der Amerikaner. Eine Kfz-Kolonne aus mehreren Mannschafts- und Transportwagen und einigen Panzern hielt, aus Richtung Hildesheim kommend, direkt hinter dem Bahnübergang, bei der heute noch dort stehenden Baumgruppe.

Mit dem Lasso eingefangen

Als die Soldaten ihre Fahrzeuge verlassen hatten, wurden mein Vetter und ich neugierig und gingen vorsichtig auf den Bahnübergang zu. Schließlich standen wir direkt an der Straße, aber noch hinter einem Weidezaun, als plötzlich ein schwarzhäutiger amerikanischer Soldat, der oben auf einem Panzer stand, unter dem Gelächter seiner Kameraden ein Lasso warf und mich damit einfing!

Geschrieen, so laut ich konnte

Wie sich jeder vorstellen kann: Ich habe geschrieen, so laut ich konnte. Ob ich versucht habe, mich zu befreien, kann ich nicht mehr sagen. Was für mich aber damals das Schlimmste war: Mein Vetter hatte sofort seine Beine in die Hand genommen, den gesammelten Löwenzahn liegen gelassen und war weggelaufen. Er hatte mich einfach im Stich gelassen!

Schokolade als Reserve

Was anschließend passierte, kann ich nicht mehr sagen, der Schock saß viel zu tief, ich war ja auch erst viereinhalb Jahre alt. Aber dass ich dann, bepackt mit mehreren Tafeln amerikanischer Schokolade, nach Hause kam, das habe ich noch gut in Erinnerung, zumal ich die gesamte Schokolade sofort abgeben musste. Wie es hieß: In diesen schlechten Zeiten muss man was zum Tauschen oder im Krankheitsfall als Reserve haben. Maßlos geärgert hat mich dann aber die Tatsache, dass Vetter Eberhard eine dieser Tafeln abbekam. Danach habe ich lange Zeit nicht mehr mit ihm gespielt!

Horst Könneker machte als viereinhalbjähriges Kind eine Erfahrung der besonderen Art: Als er mit einem Freund Ende April 1945 Löwenzahn für seine Kaninchen sammelt, fängt ihn ein amerikanischer Soldat mit einem Lasso.

Angela Kröger

Die Flucht ins Moor

Rhede, März 1945
Unser Vater war beim Volkssturm. Wir Kinder brachten ihm manchmal das Mittagessen in den Unterstand, der eigentlich ganz gemütlich war: mit Ofen, Tisch und Bänken. Die Geschütze standen draußen und wir hatten davor keine Angst, es war ja Krieg, wir kannten nichts anderes.

Im März 1945 konnten wir den Kanonendonner der nahenden Front schon hören und an der Kanalbrücke zwischen Rhede und Aschendorf hingen große Kästen mit Sprengstoff, um im Bedarfsfall die Brücke in die Luft jagen zu können. Vor der Brücke war aus lauter Baumstämmen, die quer und übereinander gelegt waren, eine Panzersperre aufgebaut.

Pause vom Krieg: Angela Kröger (2. v. l.) mit ihren Eltern, Großeltern und Geschwistern.

April 1945

Als wir dann am ersten Sonntag im April wie gewohnt zur Kirche gehen wollten, war das Dorf voll von Militär, Fahrzeugen, Soldaten, Pferden, es war kaum durchzukommen. Die Schule war schon längere Zeit geschlossen und diente als Lazarett.

In der folgenden Woche fand dann eine regelrechte Völkerwanderung vom Dorfkern Rhede in das Hinterland Rhederfeld statt. In unsere Backstube zogen zwei Tanten aus dem Dorf mit Anhang ein. Am nächsten Sonntag, es war der 15. April, fand in der Kirche kein Gottesdienst mehr statt, aber auf einem Hof in Rhederfeld feierte Kaplan Gösling ein Hochamt, das sehr beeindruckend war. Am frühen Sonntagmorgen war die Kanalbrücke gesprengt worden und alle wussten jetzt, dass es ernst wurde. Nach dem Gottesdienst wurde noch das neugeborene Kind unserer nächsten Nachbarn zu Hause getauft, wir Kinder waren alle dabei.

Wir haben gebetet

Nach dem Mittagessen kam eine Kusine und sagte mit ernstem Gesicht nur: „Der Volkssturm wird zusammengetrommelt." Weiter wurde nichts geredet, die Kusine ging ins nächste Haus und unser Vater schnappte sich seinen Überlebensbeutel, der schon längere Zeit an der Decke hin, zog noch etwas über und verschwand, einfach so. Neben der Scheune auf dem Göpel hatten wir einen provisorischen Bunker aus Erde und Stroh hergerichtet und unsere Mutter begab sich alsbald mit uns acht kleinen Kindern und einer Tante in diesen Bunker. Im Dorf wurde gekämpft, das war nicht zu überhören. Wir haben gebetet, wie immer, wenn es brenzlig wurde. Irgendwann am Nachmittag hat uns dann Tante Angela eine Rhabarbersuppe gekocht und in den Bunker gebracht. Dazu haben wir sicher Brot gegessen, das backten wir ja selber.

Richtung Moor

Als es dunkel wurde, flaute der Kriegslärm etwas ab und unser Vater war plötzlich wieder da. Er spannte das Pferd vor einen Ackerwagen, darauf wurden die Betten und einige andere Sachen gepackt und wir Kinder dazu. Ich sah noch, wie die junge Mutter mit dem Baby auch auf einen Ackerwagen gelegt wurde, und für alle ging es Richtung Moor. Dort gab es zwei große Zollhäuser, alle unterkellert und trocken. Diese Keller wurden mit Stroh ausgelegt, das Bettzeug darauf und dort haben wir mit vielen anderen Kindern geschlafen. Die Mutter mit dem Baby kam oben in ein richtiges Bett und ein verletzter Mann ebenso.

Montag, 16. April 1945

Am Montag, dem 16. April, war es ruhig. Unser Vater band eine weiße Fahne an einen Jaucheschepper und ging nach Hause, um das Vieh wenigstens notdürftig zu versorgen. Es hieß dann, dass das Dorf übergeben werden müsste, und zwar vom Bürgermeister. Der war aber geflüchtet und nicht aufzutreiben, er war Nazi und hatte wohl Angst. Pastor Lammen harrte mit einigen Leuten im Keller des Pastorates im Dorf aus. Er soll versucht haben, das Dorf zu übergeben, um es zu retten, aber darauf ging die Gegenseite nicht ein. So wurde Rhede denn am 17. April 1945 heftig umkämpft und zu 75 Prozent zerstört. An diesem herrlichen Frühlingstag zogen die Menschen aus den Häusern, auch aus den Zollhäusern, noch weiter ins Moor. „Da können die Panzer nicht hin, da versacken sie", hieß es. Auf den Wegen, die etwas befestigt waren, ließ man sich nieder und hatte freien Blick auf das Dorf. Rauchsäulen, Lärm und Betroffenheit prägten die Stimmung. Eine Bauersfrau hatte ein großes Stück Schinken dabei, eine andere hatte Brot und Milch gab es auch. Irgendwie habe ich an die Brotvermehrung in der Bibel gedacht. Ich fühlte mich an diesem Tag trotz aller Widerwärtigkeiten geborgen. Der liebe Gott, die Eltern und die vielen Erwachsenen, sie alle würden uns schon beschützen, denn sie versorgten uns und jeden; niemand wurde übersehen, wir waren eine ganz große Familie.

Todesangst

Gegen Abend wurden die Kampfhandlungen beendet. Rhede war wohl eingenommen und wir gingen zurück in die Zollhäuser. Am nächsten Tag mussten wir uns dann plötzlich alle vor dem Haus aufstellen. Die Männer mussten die

Köpfe entblößen und dann rauschte eine lange Panzerkolonne an uns vorbei. Auf den Panzern waren Soldaten mit Stahlhelmen auf dem Kopf und Gewehren im Anschlag, die sie auf uns richteten. Da bekam ich Todesangst, diese langen Rohre, dieses Geräusch. Panzer machen mir heute noch Angst. Es wurde aber nicht geschossen.

Das Wohnhaus war geblieben

Im Schuppen des Zollhauses lag ein totes Kind, auf Stroh gebettet und ich sah, wie es auf einer Schiebkarre von der großen Schwester über den Hof weggebracht wurde, wohin, weiß ich nicht, aber dieses Bild hat sich eingeprägt. Irgendwann konnten wir wieder in unsere Häuser zurück, unsere Scheune hatte wohl gebrannt, war aber nicht stark beschädigt und das Wohnhaus war heil geblieben. Nur alles, was unser Vater nach draußen gestellt hatte, um es vor einem Brand zu schützen: Geschirr, Wäsche, kleine Möbelstücke, das war zertrümmert. Ein Panzer war um das Haus herumgefahren und so war es passiert. Viele Menschen mussten irgendwo unterkommen, weil sie kein Haus mehr hatten, und so nahmen auch wir eine Mutter mit zwei Kindern auf. Die Männer mussten dann die gefallenen Soldaten aufsammeln und diese wurden vor der alten Kirche beerdigt. Bald wurden auch so genannte „Nissenhütten“ aufgestellt, es wurde ein Dach über dem Kopf gebraucht.

Eier für Schokolade

Englische Soldaten hatten sich in einigen Häusern einquartiert und wir brachten ihnen manchmal ein Ei, wofür wir Schokolade und Weißbrot bekamen. Sie waren sehr nett zu uns und gehörten bald zum Alltag, wenn sie mit ihren Panzerspähwagen an uns vorbeifuhren. Die Schule fiel zunächst weiter aus, sie war abgebrannt und einige Lehrer mussten entnazifiziert werden.

Wir Kinder haben mit Spaten und Schaufeln geholfen, um die vielen Laufgräben wieder einzuebnen. Das Moorgebiet an der holländischen Grenze war Niemandsland und durfte nicht betreten werden. Eine große Anzahl von Rindern und

Kühen wurde im Dorf von Holländern zusammengetrieben und über die Grenze gebracht, so war bei vielen neben Haus und Hof auch noch das Vieh weg und außerdem hatten viele Familien gefallene oder vermisste Angehörige zu beklagen. Es gab schon großes Leid, aber es wurde nicht resigniert, einer half dem anderen und es wurde angepackt.

Pullover mit tollen Mustern

Aus Bettwäsche und Decken wurde Kleidung genäht; ein Faden der Zuckersäcke und die Fallschirmseide eigneten sich für das Stricken von Pullovern und Strümpfen, zum Teil mit tollen Mustern. Aus den abgebrannten Häusern wurde der Schutt entfernt und zu Fronleichnam wurde die Straße mit Schilf bestreut, der Schutt mit grünen Zweigen bedeckt und vor den zerstörten Häusern wurden Altäre aufgebaut. Die Prozession konnte wieder draußen stattfinden, was während des Krieges nicht möglich war. Bald war hier eine Scheune gerichtet oder dort ein Stall und ich hatte das Gefühl, dass es aufwärts ging und alle froh waren, dass der Krieg dieses Ende gefunden hatte.

Angela Kröger flüchtete Mitte April mit ihrer Familie aus Angst vor den englischen Soldaten in ein nahe liegendes Moor. Sie erlebt Tod und Elend, aber auch Nächstenliebe und Zusammenhalt – vielleicht einer der Gründe, warum sie nie resignierte.

Hans Weichsler

„You are soldier?"

Dötlingen, 25. März 1945
In Dötlingen konnten wir hören, wenn in Osnabrück ein Großangriff englischer und amerikanischer Bomber die Stadt zerstörte, platt machte. So auch am Palmsonntag, dem 25. März 1945, morgens zwischen 3.00 und 4.00 Uhr. Wir standen alle mitten in der Nacht vor den Baracken und lauschten dem Toben in unserer Stadt, denn die meisten Kameraden kamen aus Osnabrück und Umgebung. In Osnabrück wurden in dieser Nacht die restlichen Ruinen der Altstadt auch noch zerstört. Es war die Nacht, in der die meisten Toten einer einzigen Angriffsnacht zu beklagen waren.

28. März 1945
Im Laufe dieses Tages war das Batallion in Reih und Glied auf dem Appellplatz angetreten. Der Herr Major befahl: „Alle ROB (Reserveoffiziersbewerber) rechts raus!" Ich sauste nach rechts weg neben die Einheiten, mit mir und anderen auch zwei Klassenkameraden aus Osnabrück. Die gesamte Einheit verschwand wieder in den Baracken und unser Häuflein bekam Extrainstruktionen. Wir würden am 29. März unsere Zivilkleidung, unseren Wehrpass, unsere Gasmaske, einen Marschbefehl zum Heimat-WBK (Wehrbezirkskommando) und eine Bahnfahrkarte nach Osnabrück erhalten; dort hätten wir uns unverzüglich („unverzüglich heißt: sofort nach Ankunft") beim WBK zu melden, widrigenfalls würden wir wegen Fahnenflucht erschossen werden.

30. März 1945
Wir wurden am Abend des 30. März zur Bahnstation Wildeshausen gebracht. Personenzüge fuhren überwiegend nur nachts, weil die englischen Jagdflugzeuge tagsüber auf die Personenzüge Jagd machten. Ich kam, glaube ich, um 2.00 Uhr nachts am 31. März in Osnabrück an. Um uns herum nur Trümmer, Gebäuderuinen, riesige Schutthalden, die die Straßen ver-

sperrten. Und ich mit meinem viel zu schweren Koffer. Heute frage ich mich, warum ich ihn nicht einfach stehen gelassen habe, denn der Griff war sehr dünn und schnitt mir in die Hand. Aber irgendwie habe ich es geschafft und war wohl so gegen 3.00 Uhr nachts bei meiner Mutter, in unserem Haus Moltkestraße 19, von ihr freudig und mit Tränen empfangen.

31. März 1945
Erstmal habe ich richtig gepennt, womit ich bereits den Befehl, mich sofort beim WBK zu melden, überzogen hatte. Aber wir glaubten damals wohl, bei der unregelmäßigen Ankunft der Züge eine Ausrede zu haben und unsere Haut retten zu können.
Morgens ging ich dann um 10.00 Uhr, bekleidet mit einer kurzen Pimpfenhose, durchs Treppenhaus. Von oben kam mir ein Major entgegen. Ich war völlig verdattert, was sollte, was musste ich tun? In meiner Verzweiflung verhielt ich mich militärisch: „Schütze Fricke, die und die RAD-Einheit, meldet, dass er sich auf dem Weg zum WBK befindet.“ Ich hatte also instinktiv meine alte Arbeitsdienst-Einheit und nicht meine Heeres-Einheit, der ich ja nun angehörte, genannt!

„Ich habe sie nicht gesehen“
Der Herr Major ging an mir vorbei, machte zackig die Ehrenbezeugung (Hand zum Hitlergruß erhoben). An der Haustür drehte er sich um, sagte, bei noch geschlossener Tür, recht leise: „Ich bin auf dem Weg zum WBK, das um 11.00 Uhr nach Diepholz verlegt wird. Ich habe sie nicht gesehen!“ Sprach's und knallte die Haustür von außen zu.

Hochexplosiv und gefährlich
Was hatte dieses Verhalten zu bedeuten? Was wollte er mir mit diesem Satz sagen? Eigentlich hätte er mich zum WBK mitnehmen und mich dienstlich befragen lassen müssen, warum ich nicht schon längst beim WBK sei. Das Zusammentreffen war hochexplosiv und gefährlich für mich, das erkannte ich natürlich.

Verstecken und abwarten

Meine Mutter und ich waren völlig aus der Fassung, aber mit dem Gefühl, ich sei noch einmal davon gekommen. Zehn Minuten später kam mein Freund, um mich zum Gang zum WBK abzuholen. Wir erzählten das Geschehene und er brachte die Sache auf den Punkt: Verstecken und das Überrollen der englischen Truppen abwarten! Die englischen Truppen lagen irgendwo zwischen Münster und Osnabrück, aber wo genau, wusste keiner so recht. Wie lange konnte es noch dauern, bis sie bei uns sein würden?

Wer hatte mich gesehen?

Was wir vorhatten war Fahnenflucht und darauf stand der Tod durch Erschießen. Das war uns klar. Freund Friedhelm verschwand sofort. Ich suchte mir ein Versteck. Doch wer hatte mich alles gesehen? Hierüber haben meine Mutter und ich uns lange den Kopf zerbrochen. Uns fiel kein Mensch ein. Also war meine Chance, unerkannt in einem Versteck zu verschwinden, relativ günstig.

Das letzte Aufgebot

In Osnabrück wurde die Verteidigung der Stadt von etwa 200 Soldaten sowie von alten Männern und 14- bis 15-jährigen Jungen vorbereitet. Alle irgendwie geeignet erscheinenden Männer wurden zusammengesucht, wobei es zu Hausdurchsuchungen kam, denn viele Schüler waren zu diesem Einsatz nicht erschienen, aus welchem Grund auch immer. Dies war das letzte Aufgebot, dem ich mich durch Flucht verweigerte. Ich kam mir richtig schäbig vor. Aber ein Zurück gab es nicht mehr. Und ich hatte Angst, tierische Angst (warum sagt man eigentlich „tierische Angst“, ich bin doch ein Mensch): Also, ich hatte menschliche Angst! Weiche Knie halt. Noch jetzt, da ich diese Zeilen schreibe, steigt die Angst in mir hoch. Sie hat also all die Jahre unverarbeitet in mir geschlummert und zählt mit zu dem Gerümpel in meinem Kopf, von dem ich mich befreien will.

Gegen Bombenangriff gesichert

Damals gab es in den alten Häusern im Keller einen Raum, der durch dicke Balken und Stempel gegen den Einsturz des Hauses bei einem Bombenangriff gesichert war. So einen Luftschutzraum gab es bei uns noch, obwohl 120 Meter entfernt ein Luftschutzbunker gebaut worden war, in dem unsere Nachbarn und wir bei Fliegeralarm Schutz suchten.

Von Muttern versorgt

In der dunkelsten Ecke unseres Luftschutzraumes verkroch ich mich sofort, mit einem Liegestuhl und Decken von meiner Mutter wohl versorgt. Zum Glück gab es auch eine Toilette im Keller, auf die meine Mutter jetzt ging, wenn sie mir etwas zu essen brachte. Natürlich war ich derjenige, der die Toilette benutzte, aber die anderen Bewohner im Haus sollten glauben, meine Mutter hätte sie aufgesucht, was, wenn ich heute darüber nachdenke, Quatsch war, hatte sie doch in ihrer Wohnung eine eigene Toilette, was auch alle Personen im Haus wussten. Es verlief eben alles irrational.

Unsicherheitsfaktor

Etwas über unser Haus, Moltkestraße 19: Im Erdgeschoss hatte mein Großvater gewohnt, wir in der ersten Etage; in der zweiten Etage wohnte die Familie des ausgebombten Hausmeisters aus meinem Elternhaus in der Schützenstraße 60. Da nun aber mein Großvater in Lintorf am Wiehengebirge im Haus seiner Haushälterin lebte, war die untere Wohnung frei und in dieser hatte sich der Chef der Wohnraumbewirtschaftung von Osnabrück qua eigener Einweisung niedergelassen: Ein Ehepaar mit vier Kindern. Diese Familie bildete den Unsicherheitsfaktor in all den Überlegungen meiner Mutter und mir. Denn Familie Güllmann, so hieß die Mietpartei, hatte zwei Söhne als Soldaten an der Front und wir konnten uns durchaus vorstellen, dass die alten Güllmanns sich fragten, warum es denn mir besser gehen sollte, als ihren Söhnen.

02. und 03. April 1945

Ich saß in meinem Versteck und zitiere jetzt aus Quellen, wie es draußen aussah: In der Nacht vom 02. auf den 03. April 1945 setzte durchdringender Landregen ein. Die Stadt

Osnabrück war zur Festung erklärt worden. Der Kampfkommandant war Major Reck. Seine Devise: „Notfalls Kampf bis zum letzten Mann.“ Am Dienstag erreichten die englischen Panzerverbände den Stadtrand im Westen und Süden. Es war erkennbar, dass sie die Stadt umfahren wollten, um dann im Norden den Sack zuzumachen, also die Stadt zu umzingeln.

Kampfeswütige wurden kaltgestellt

Oberstleutnant Jung, der Kommandeur der Polizei, lehnte eine kampflose Übergabe der Stadt ab. Bevor die Eroberung der Stadt durch englische Truppen begann, fanden sich einflussreiche Zivilisten, die per Telefon mit dem englischen Kommandanten Kontakt aufnahmen und eine Übergabe vereinbarten. Die kampfeswütigen Offiziere wurden kaltgestellt. Dann ging es zwar vorsichtig, aber schnell mit der Besetzung durch die Engländer voran.

04. April 1945

Es herrschte Totenstille. Da ich die Lage nicht kannte, aber auf die Toilette musste, schlich ich mich in die Waschküche und dort ans Fenster. Im Garten standen vier oder fünf englische Soldaten. Sie sahen mich sofort, darum wedelte ich geistesgegenwärtig mit meinem weißen (dreckigen) Taschentuch, um zu zeigen: Ergebe mich. In diesem Moment kam ein englischer Soldat aus einem toten Winkel, den unser Haus zwischen Garage, dem Stamm einer Rotbuche und dem Keller bildete und führte einen deutschen Soldaten, ohne Helm, aber mit den Händen hinter dem Kopf, in den Garten. Da hatte doch einer, ohne dass ich es bemerkt hatte, wenige Meter neben mir auch den Krieg als verloren aufgegeben.

Großes Erstaunen

Ein Tommy, so nannten wir die Engländer, klingelte an der Haustür; ich öffnete. „You are soldier?“ „No, Sir, pupil.“ Er untersuchte das Haus vom Keller bis zum Boden. Da ich ihn begleitete, sahen mich alle Mieter seit Monaten zum ersten Mal wieder. Großes Erstaunen! Und durchaus nicht nur Sympathie.

Kleiner Anhang

Damit war der Krieg für mich vorbei. Um die damalige Situation so richtig zu verdeutlichen, noch einen kleinen Anhang von der damals typischen deutschen Art: Am 03. April 1945 hatten drei Mann im Auto noch schnell die Stadt verlassen: Gauinspektor und amtierender Kreisleiter der NSDAP, Fritz Wehmeyer, Oberbürgermeister Erich Gärtner und der ehemalige Kreisleiter Wilhelm Münzer. Um 16.30 Uhr bestiegen sie einen Dienstwagen und fuhren Richtung Nord (Bremen) aus der Stadt. Sie trugen nicht ihre prächtigen Uniformen, sondern Zivil.

„Deutsche“

Unterwegs entdeckten die Fliehenden ein weißes Laken (soll nur ein Handtuch gewesen sein) auf einem Weidezaun, das am Bauernhof Daumeyer-Bitter in einer Bauernschaft von Ostercapppeln aufgehängt worden war. Sie fuhren auf den Hof, auf dem – was sie nicht wussten – nicht nur so genannte „Fremdarbeiter“ einen genehmigten Arbeitsplatz hatten, sondern auf dem sich auch illegal Fremde verbargen. Auf ihre Frage: „Wohnen hier Deutsche oder Ausländer?“, antwortete die Bäuerin: „Deutsche“. Zu der Frage, wer denn die weiße Fahne aufgehängt hätte, nahm die Bäuerin die Verantwortung auf sich.

Stolze Nazis

Im selben Moment (es war 18.30 Uhr) schoss einer der drei Männer der Frau in die Stirn, sie war sofort tot. Drei weitere Schüsse verletzten eine polnische Zwangsarbeiterin an der Schulter, die sich tot stellte und wohl so überlebte. Einer der anderen Schüsse traf einen illegalen Holländer am Bein, der sich hinter einer Holzwand verbarg. Die stolzen Nazis fuhren weiter, trafen aber schon kurz hinter Ostercappeln auf die Engländer. Bei einem Schusswechsel wurde Wehmeyer tödlich getroffen. Er wurde auf dem Ostercappelner Friedhof beigesetzt, die anderen beiden gaben ihm die Schuld an dem Mord an Frau Daumeyer, sie kamen mit einer kleinen Untersuchung davon.

Wehmeyer ausgraben
1995, nach 50 Jahren, verlangten die ortsansässigen Familien von Ostercappeln, dass die Leiche des Wehmeyer ausgegraben und auf irgendeinem anderen Friedhof beigesetzt werden möge; sie könnten ihren Vorfahren nicht zumuten, neben einem Verbrecher ihre letzte Ruhe zu finden.

Doch wie ging es mit mir weiter?
Einige der lieben Mitmenschen behandelten mich wie einen Verräter. Aber das verlor sich, denn inzwischen konnte auch der Letzte nicht mehr annehmen, die Deutschen würden den Krieg noch gewinnen können. So kam ich irgendwie über den 08. Mai 1945, den Tag des Waffenstillstands, hinweg, ohne noch genau zu wissen, was ich an diesem Tag getan habe oder wo ich ihn verbrachte.

Hans Weichsler erlebt das Kriegsende in Osnabrück. Kurz vor einem Kampfeinsatz bringt ihn die Äußerung eines Majors dazu, sich nicht rechtzeitig bei seinem Wehrbezirkskommando einzufinden. In einem Keller versteckt, harrt er vorausblickend aus, bis die Engländer die Stadt kampflos einnehmen.

Horst Bohne

Das letzte Aufgebot

Hannover, Anfang März 1945

Über die Schule werden wir aufgefordert, uns Anfang März 1945 vormittags auf der Tribüne des Hindenburg-Stadions (heute Eilenriede-Stadion) zu einer Veranstaltung einzufinden, wo von einem Angehörigen der Fallschirmjägertruppe eine Ansprache gehalten wird mit dem anschließenden Appell, sich freiwillig zum Kriegseinsatz zu melden. Als nach dem Aufruf sich, soweit erinnerlich, nur ein einziger Junge zum freiwilligen Kriegsdienst meldet, müssen wir in Dreierreihe antreten: Erste Reihe zwei Schritte vor, zweite Reihe einen Schritt vor. So kann der Redner durch die Reihen gehen und jeden Einzelnen ansprechen:

Gott sei Dank: Fliegeralarm!

„Warum meldest Du Dich nicht freiwillig?“, will der Redner wissen. „Ich muss erst meine Eltern fragen!“, entgegnet der Schüler. „Fragst Du Deine Eltern auch erst, wenn Du auf das Scheißhaus gehst?“, schnauzt der Redner zurück. Hat er in diesem Augenblick den fatalen Vergleich des Krieges und das Soldatenleben mit einer Toilette bedacht? Nachdem auch die persönlichen Einzelansprachen keinen weiteren Erfolg zeigen, befiehlt man uns, offensichtlich als Strafe für unsere fehlende Kampfbereitschaft, auf den Sportplatz zum Exerzierdienst. Fliegeralarm beendet diese Veranstaltung. Gott sei Dank!

Anfang April 1945

Anfang April überreicht mir Manfred Vondran ein bedrucktes Blatt. Es enthält eine Aufforderung, mich zu einem bestimmten Termin im Jugendheim auf dem Lindener Berge Nr. 28 einzufinden. Wie er soll auch ich an der Aktion „Werwolf“ teilnehmen. Es seien alle vorhandenen Waffen mitzubringen. Mein Waffenbestand beschränkt sich auf ein HJ-Fahrtenmesser. Da wir nicht wissen, wie lange unser

2

Von den Bestimmungen auf Seite 54, 55 und 56 habe ich Kenntnis genommen

Horst Bohne

(Eigenhändige Unterschrift des Inhabers – Rufname, Familienname)

Größe in Zentimetern ....
Augenfarbe ....
Körperbauform ....
Haarfarbe ....
Besondere Kennzeichen (z. B. Brillenträger) ....

Blutgruppe ....

3

I. Angaben z

1	Familienname	Boh
2	Vornamen (Rufnamen unterstreichen)	Horst,
3	Geburtstag, -monat, -jahr	21.
4	Geburtsort Verwaltungsbezirk (z. B. Kreis, Reg. Bezirk)	Ha Han
5	Staatsangehörigkeit (auch frühere)	D.
6	Religiöses Bekenntnis	ev.
7	Familienstand	ledig
8	Beruf (nach Berufsverzeichnis)	erlernter zuletzt ausgeübte
9	Eltern	Vater Theodor (Rufname, Fa werkm Beruf (nach Be (wenn verstorben (wenn gefallen

Horst Bohne ist ein 15-jähriger Schüler, als er mit seinen gleichaltrigen Kameraden die amerikanischen Soldaten aufhalten soll.

„Einsatz“ dauern wird, bringe ich als „Wegzehrung“ aus dem Lebensmittelgeschäft meiner Tante Erna im Kötnerholzweg eine größere Tüte mit Bonbons mit.

Wieder nach Hause

Das gesamte Aufgebot an Kampfkraft umfasst etwa fünfzehn bis zwanzig Personen (Ich werde in neun Monaten sechzehn Jahre alt). An Waffen haben wir im Angebot eine Panzerfaust, mehrere HJ-Fahrtenmesser, einen durchbohrten Terzerol (Pistole), ich glaube auch einen Karabiner, dazu aber eine recht gut ausgestattete Feldapotheke.

Unser Kampfauftrag lautet, uns bei Panzeralarm/Feindannäherung (Dauerton der Sirenen) wieder hier im Jugendheim einzufinden. Falls das Haus schon im Besitz der feindlichen Truppen ist, sollen wir uns einzeln durchschlagen zum Gasthaus „Fröhliche Waldschänke“ (heute Gasthaus Adamos) am Benther Berg. Von dort aus würden dann die weiteren Kampfmaßnahmen koordiniert. Dann dürfen wir vorerst wieder nach Hause.

Als nun der Einmarsch der Amerikaner am 10. April 1945 in Hannover erfolgt und ich morgens ihre endlosen Panzerkolonnen auf der Limmerstraße stadteinwärts ziehen sehe, verzichte ich auf den Weg zum Lindener Berg oder Benther Berg. Vielleicht lebe ich deshalb heute noch.

Als Horst Bohne am 10. April 1945 den Einmarsch der Amerikaner in seine Heimatstadt Hannover erlebt, ist er gerade mal 15 Jahre alt. Er soll, zusammen mit einem kleinen Haufen anderer Jugendlicher, die feindlichen Soldaten aufhalten: mit einer Panzerfaust, ein paar Messern und einer Pistole. Da trifft er eine lebensrettende Entscheidung.

Heinz Klusmann

Im Chaos

Braunschweig, März 1945
Mitte März 1945 zweifelte ich als Zehnjähriger an den Äußerungen und der Siegeszuversicht einiger Leute. Besonders der Propaganda. Obwohl im Westen das Rheinland und im Osten Ost- und Westpreußen und Schlesien bereits besetzt waren, antwortete der Rundfunkkommentator auf eine Frage nach dem Mut und der Zuversicht der Deutschen: „... ob denn die Deutschen die feindlichen Panzer mit bloßen Fäusten ‚aufhalten' wollten?: Nicht mit bloßen Fäusten, sondern mit Panzerfäusten solle der Feind, der seinen Fuß über die Schwelle der deutschen Heimat setze, gestoppt und zurückgeschlagen werden. Auch würde der Führer zu gegebener Zeit weitere Wunderwaffen zum Einsatz bringen, sodass dem Feind Hören und Sehen verginge!

Totale Lufthoheit
Tatsache blieb allerdings, dass die angloamerikanischen Flugzeuge täglich über Braunschweig in Hör- und Sichtweite hinzogen, Bomben abwarfen und als Tiefflieger in Haushöhe auf jede Person schossen. Die deutschen Jagdflugzeuge und die Flak hinderten sie nicht mehr daran. Die Lufthoheit der Alliierten war total. Lediglich bei „Entwarnung" drehte ein einsamer deutscher „Jäger" eine Runde. Wir nannten dies „Pflichtübung" oder „Beruhigungspille".

Anfang April 1945
Anfang April waren die Briten über die Weser gelangt. Kurz darauf fiel auch Hannover. Braunschweig wurde über die Autobahn von den Amerikanern umgangen, da meine Heimatstadt zunächst wie Breslau zur „Festung" erklärt wurde. Trümmerschutt, quer gestellte Straßenbahnen sollten den Feind aufhalten.

In Stellung
Vor der Stadt, im Timmerlaher Busch, einem kleinen Wäldchen, ging die amerikanische Artillerie in Stellung. Die Geschütze beschossen stundenweise die Stadt, ohne aber

große Schäden anzurichten. Tiefflieger mit ihren gefürchteten Bordwaffen verstärkten den psychologischen Druck auf die Bevölkerung Braunschweigs. In diesen Tagen standen die beiden Kriegsparteien, so „hörte man", in ständigem Funkkontakt. Dann wurde ein Ultimatum gestellt, die Stadt am 11. April 1945 um 12.00 Uhr zu übergeben.
Anderenfalls würden die Amis Braunschweig „stürmen".

Bis zum letzten Mann

Die Wehrmachtseinheiten und SS-Truppen waren gen Osten abgezogen. Danach soll es einen „Führerbefehl" gegeben haben, dass von nun alle Städte „bis zum letzten Mann und letzten Blutstropfen" zu verteidigen seien.

11. April 1945

Der 11. April 1945 wird mir immer besonders in Erinnerung bleiben. Am Vortag, morgens, verstarb mein geliebter Opa im Alter von 69 Jahren in unserer Wohnung. Meine Mutter und ich waren in dieser Zeit wegen der Tieffliegerangriffe und dem Artilleriebeschuss fast immer im Bunker am Madamenweg.
Wie erwähnt, gab es ein Ultimatum, die Stadt am 11. April, 12.00 Uhr mittags, zu übergeben. Gegen 11.00 Uhr wurden die Trümmer und Hindernisse notdürftig von der Straße geräumt. Die amerikanischen Geschütze feuerten noch ein paar Mal Salven in Richtung Innenstadt. Die gefürchteten Tiefflieger heulten noch mal auf. Pünktlich 12.00 Uhr wurde die Stadt Braunschweig kampflos als „Lazarettstadt" übergeben.

„Luft schöpfen"

Im Luftschutzbunker sah die Situation so aus: Die „Bunkerwarte" und PG's entledigten sich ihrer Uniformen, Hoheitszeichen, Armbinden und Orden. Wir durften etagenweise „Luft schöpfen", denn an diesem Tage herrschte eine große Hitze und die Luft im Bunker (ohne Klimaanlage) war durch die Dauer-Überbelegung sehr schlecht. Trotz „Sprechverbot". Angst und Unsicherheit herrschten.
Was geschieht nun mit uns?

Endlich ausschlafen

Plötzlich wurden wir durch die „Bunkerwarte" aufgefordert, aufzustehen und die Hände zu erheben. Ein einzelner, weißer amerikanischer Offizier (auch er schwitzte sehr!) wurde durch unsere Bunkeranlage geführt. Er sollte sich offensichtlich davon überzeugen, dass sich keine deutschen Soldaten bei uns befanden. Den Mut dieses Mannes habe ich bewundert! Stunden danach durften wir den Bunker verlassen und nach Hause gehen. Alle waren erleichtert! Der Krieg war für uns zu Ende! Endlich mal wieder ausschlafen können! Aber was kommt nun?

Ohne Alarm

Meine Mutter und ich verließen den Bunker. Da gab es eine Überraschung. In dem Haus, in dem wir wohnten, hatte sich eine amerikanische Nachrichteneinheit einquartiert. Ein baumlanger, farbiger Soldat fasste meine überängstliche Mutter am Arm und bedeutete ihr mit Gesten, dass wir nicht in unsere Wohnung im Madamenweg 127 könnten. Er brachte uns in ein Haus auf der anderen Straßenseite und verlangte von den uns bekannten Leuten, dass sie uns aufnehmen müssten. Der Raum war klein, hatte ein Fenster zur Straße und „herrliche Betten"! Wir konnten erstmals nach Wochen Bunker – ohne Alarm – eine ganze Nacht durchschlafen.

Schmerzender Anblick

Als ich aus dem Fenster zu unserem Haus blickte, sah ich Soldaten, die schnurlos telefonierten, Autoreifen mit Mini-Luftpumpen (groß wie ein Dosenöffner) aufpumpten. Ferner sah ich endlose LKW-Kolonnen (dreiachsig). Sie waren mit farbigen Soldaten besetzt und brausten in geringen Abständen vorbei. Der Anblick schmerzte, wenn man an die abrückenden eigenen Truppen, zum Teil mit „Holzvergaser-LKWs", dachte.

12. April 1945

Am nächsten Vormittag verkündeten amerikanische Lautsprecherwagen in einwandfreiem Deutsch, dass unbegrenzt

„Ausgangssperre“ herrsche und bei Übertretungen sofort geschossen würde. Im Laufe des folgenden Tages rückte die Nachrichten-Einheit ab und ließ uns und unsere Nachbarn nach Hause gehen. Aber wir kamen in ein Chaos!

Gelegenheit zum Grillfest

Sämtliche Wohnungen waren durchwühlt, die Lampen zerschossen und sämtliche Rundfunkgeräte zertreten. Die Bodentreppe war abgerissen und umgestürzt. Die Leiche meines Großvaters hatte offenbar die farbigen Soldaten aus der unserer Wohnung vergrault. Sie nahmen die Matratzen und einige Einmachgläser mit Obst mit. Die Matratzen legten sie in anderen Räumen auf den Fußboden, um dann zu schlafen. Die Soldaten fragten im Nachbarhaus auch nach „Nazis“. Sie bekamen den Tipp, dass unser Hauswirt „Nazi“ und Selbstversorger sei (Hausschlachtung) und Frischfleisch im Garten vergraben habe. Die „Amis“ ließen sich diese Gelegenheit zu einem Grillfest mit frischem Fleisch nicht entgehen. Wir Hausbewohner fanden später nur die Knochen. „Unsere“ Amis ließen keine Plünderung durch Zwangsarbeiter zu. Einzelne „DP's“ hatten sich in die Keller geschlichen, um etwas Essbares zu „organisieren“. Sie mussten ihre „Beute“ zurücktragen und bekamen dafür von den Soldaten etwas von deren persönlicher US-Marsch-Verpflegung. Diese war enorm gut verpackt!

Gesetzesloser Zustand

Wir Kinder wurden von den Amerikanern oft mit Kaugummi und Schokolade beschenkt. Dafür lernten wir auch englische Sätze wie: „Have you chewing-gum and chocolate?“ Wir besorgten ihnen NS-Orden und Ehrenzeichen, die wir in der Nähe von Wohnungen der „PG's“ fanden und dann gegen Süßigkeiten, besonders Kaugummi, tauschten.
In Braunschweig herrschte ansonsten ein gesetzloser Zustand. Ehemalige Militär- und Parteihäuser wurden gestürmt, Lagerhäuser geplündert. Lebensmittel, Stoffe und Mobiliar „organisiert“. Von einer Mahlzeit Sauerkraut bis zum kompletten Lastzug mit Anhänger wurde alles mitgenommen. Die „DP's“, Zwangsverschleppte, rechneten mit ehemaligen Aufsehern und Vorgesetzten oft auf grausame Weise ab. Lynchjustiz war an der Tagesordnung. Allein stehende Häuser waren nicht mehr sicher. Sich gegen Ausplünderung

Wehrende wurde erschossen oder erschlagen. Der aufgestaute Hass kannte keine Grenzen.

Die Leiche meines Opas

In dieser gesetzlosen Zeit lag die Leiche meines Opas immer noch in unserem Wohnzimmer. Bei großer Hitze verbreitete sich immer mehr ein süßlicher Verwesungsgeruch. Die alten Behörden und Firmen arbeiteten nicht mehr, die neuen waren noch nicht installiert. So war man auf sich oder nachbarliche Hilfe angewiesen. Das sah in diesem Fall so aus, dass man nach Tagen den Leichnam in einer Wolldecke – vier Mann an vier Ecken – aus der Wohnung trug und vorläufig in einem Stallgebäude deponierte.

Bestattung

Meine Mutter bemühte sich in den erlassenen „Ausgehzeiten" weiterhin um behördliche Hilfe beim Bestattungs-Problem. Es wurde erwogen, den Leichnam auf einem alten, still gelegten Friedhof an der Kirche provisorisch zu beerdigen. Anfang Mai 1945 fand meine Mutter einen Karosserie- und Wagenbauer, der eine sargähnliche Kiste anfertigte. Nach weiteren 14 Tagen – jetzt gab es wieder eingesetzte Ämter – konnte an einem heißen Maitag die Bestattung endlich stattfinden. Meine Mutter, Großmutter, eine Tante und ich waren die Trauergäste. Alle anderen Verwandten und Bekannten waren entweder Soldat, evakuiert oder vermisst. Der einzige Grabschmuck waren Fliedersträuße aus Hausgärten. Meine Trauerkleidung bestand aus einem schwarzen Flor am Ärmel. Dies trug mir den Spott meiner Spielkameraden ein, denn ich hatte in ihren Augen jetzt auch eine Armbinde, wie sie die Bediensteten der Nazis und Behörden getragen hatten. Ich habe mich darüber sehr geärgert.

Widerstand

Inzwischen ging in der „großen Welt" der Krieg weiter. Unser Radio, das meine Mutter im Keller, in einem Nachtschrank, verpackt, dass ich mit Eierkohlen zugeschüttet und dass auf diese Weise „überlebt" hatte, brachte Hinhalteparolen und Berichte über „Gräueltaten" der Alliierten. Ein Sender namens „Werwolf" rief zum Widerstand auf. Später hörten wir auch vom Tod des „Führers" und der bedingungslosen Kapitulation.

Bombenangriff mit Papierschwalben
Wir Kinder spielten weiter „Bombenangriff“ mit Papierschwalben und Bomben, die wir aus Lebensmittelkarten falteten. Bolzten mit alten Konservendosen, verbogen beim Rangeln und Fallen unsere Kiefer und bekamen schiefe Zähne. Wir standen Schlange wegen Essbarem und genossen das schöne Wetter ohne Alarm! Wir hofften, dass unsere Väter bald gesund zurückkehrten. Gingen zum Bahnhof, wenn Gefangenentransporte angesagt waren, hielten Fotos von unseren Vätern hoch und verteilten Schmalzschnitten.

Danke
Meine Mutter hat so viele, fast unmenschliche Anstrengungen unternommen, meinen Vater, wenn er auf Urlaub war, meinen Großvater und mich sowie unsere Verwandten, in dieser Zeit und danach zu versorgen. Ihr gebührt dafür Dank und Anerkennung.

„So viele, fast unmenschliche Anstrengungen“: Die Mutter von Heinz Klusmann.

Hannover, 3. März 1945

Mein liebstes Emmychen, Heinzchen und Opa!

Schreibe schnell noch einmal, es ist jetzt so weit: morgen, auf Heinzchens Geburtstag, muss ich fort, an die Front nach Osten, nach Fürstenwalde. Dort wird eine neue Division aufgestellt. Dass es so schnell ging, hatte ich nicht gedacht. Nun ist es so weit. Versprich mir, mein Herzliebstes, dass Du immer an mich denken wirst, sollte mir etwas zustoßen, so bleibe mit Deinem Jungen allein, wenn Du kannst. Ich habe nur immer Dich geliebt und es würde für mich auch im umgekehrten Falle nichts anderes geben. Versprich es mir, es gibt mir Kraft und Trost. Glaube an „unser Glück" – es wird uns nicht verlassen. Seid vorsichtig und bleibt mir gesund.

Dein Dich immer liebender Männe, Heinzchens lieber Papa. Viele Grüße an Opa.

Soldat wider Willen: Der Vater von Heinz Klusmann (ganz rechts).

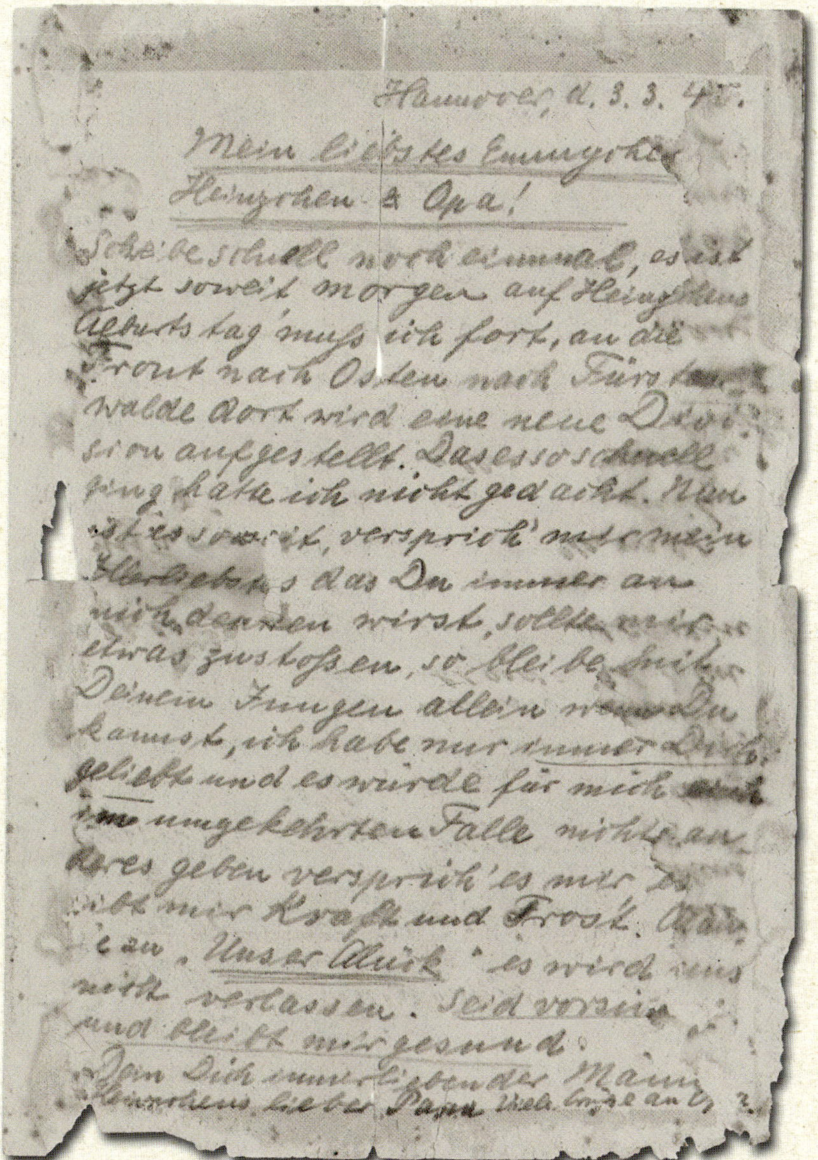

Hannover, d. 3. 3. 45.

Mein liebstes Emmychen
Heinzchen & Opa!

Schreibe schnell noch einmal, es ist
jetzt soweit morgen auf Heinz[illegible]
Alberts tag muß ich fort, an die
Front nach Osten nach Fürsten-
walde dort wird eine neue Divi-
sion aufgestellt. Das es so schnell
ging hatte ich nicht gedacht. Nun
ist es soweit, versprich mir mein
[illegible] das Du immer an
mich denken wirst, sollte mir
etwas zustoßen, so bleibe mit
Deinem Jungen allein wenn Du
kannst, ich habe nur immer Dich
geliebt und es würde für mich [illegible]
im umgekehrten Falle nichts an-
deres geben versprich es mir [illegible]
gibt mir Kraft und Trost. [illegible]
[illegible] „Unser Glück“ es wird uns
nicht verlassen. Seid vorsi[illegible]
und bleibt mir gesund.
Dein Dich immer liebender Mann
Heinzchens lieber Papa [illegible] an [illegible]

Feldpost vom Vater: „Schreibe schnell noch einmal, es ist jetzt so weit“.

Ahlbeck, 16. März 1945

Mein liebstes Emmychen und Heinzchen und Opa!

Schreibe Dir, mein Liebstes, von hier. Mir geht es bis jetzt noch einigermaßen, aber wie lange noch? Meine Reise bis hierher teile ich Dir noch später mit, habe jetzt keine Ruhe. Wir sollen jetzt nach Gotenhafen bei Danzig eingeschifft werden. Ich sehe da sehr schwarz, dort sieht es sehr mulmig aus. Vor allem auf dem Meere. Wir kamen in Swinemünde an, standen eine Station davor, da rollte gerade ein schwerer Angriff auf Swinemünde. Habe also wieder großes „Glück" gehabt. Wäre der Zug reingefahren, so wären wir alle Leichen. Es war furchtbar, überall Tote und Zerrissene. Tut mir nur einen Gefallen: seid vorsichtig, sofort ab in den Bunker. Von unseren 36 Mann von Hannover sind wir ganze sieben Mann hier. Ich habe eine Fahrt hinter mir, Du wirst es kaum glauben können, durch Kanonendonner bei Stettin usw. Dort ist alles Front. Sei aber, mein Liebling, beruhigt. „Unser Glück" wird uns nicht verlassen, mal sehen, was alles noch kommt. Ach, wäre doch alles vorbei, ich wünsche mir nur das Eine: Bei Euch, meine Liebsten, für immer zu sein. Glaube vor allem an „Unser Glück" und alles wird gut werden. Was macht mein liebster Junge? Ist er auch schön artig und lieb zu seiner lieben Mami und zu Opa? Wartet weiter ab, schreiben könnt ihr eben nicht, da ich noch keine feste Adresse habe. Nun seid tausendmal gegrüßt von

Deinem Dich immer liebenden Männe, Heinzchens lieber Papi und unserem lieben Opa.
Viele Grüße an alle Lieben, Tante Marthchen und Bärbel.

(Briefe des Vaters, der keinerlei Kriegserfahrung hatte. Er wurde laut Aussage eines Kameraden von den Russen in Gotenhafen interniert und nach Tscherepowez (südlicher Ladogasee) gebracht. Er verstarb dort am 08. Dezember 1945 an „Mangelerscheinungen", wie ein heimgekehrter Kamerad später an Eides statt erklärte.)

Heinz Klusmann erlebt das Kriegsende als Zehnjähriger in seiner Heimatstadt Braunschweig. Während Bombenangriffe und Artilleriefeuer über die Stadt toben, verstirbt sein geliebter Opa. Für die Familie gilt es nun inmitten der Kriegswirren eine Bestattung zu organisieren. Wenig später müssen die Klusmanns den nächsten Schicksalsschlag hinnehmen.

Helga Diedrich-Wächter

Krieg für uns Kinder

Hannover, Frühjahr 1945

Rückblende: Ich war noch kein Jahr alt, da wurde mein Vater Soldat der Deutschen Wehrmacht. Von Bildern, Briefen und zwei Kurzurlauben wusste ich, es gab einen Papa für mich. Ostern 1943 wurde ich eingeschult, aber kurz danach erlebten wir die ersten, schweren Luftangriffe auf Hannover. Mein Vater schrieb einen bittenden, befehlenden Brief: Bleibt nicht in Hannover! Mutter hatte schnell durch Kontakte eine Stelle zur Evakuierung ausfindig gemacht. Ein großer Lastwagen brachte uns mit noch einigen Flüchtenden nach Essern bei Uchte.

Familienglück mitten im Krieg: Helga Diedrich-Wächter mit ihrem Vater.

Mutti war bei mir

Wir wurden einem Bauernhof mit Gastwirtschaft zugewiesen. Ein kleines Zimmer mit nur einem Bett sollte nun unser neues Zuhause sein. Wir weinten uns oft in den Schlaf, aber es gab, Gott sei Dank, keine Sirenen, keinen Fliegeralarm und keinen Luftschutzkeller. Am allerwichtigsten: Meine Mutti war bei mir. Ich war ja noch sehr jung, doch die Abneigung der Dorfbewohner konnte auch ich spüren. Doch bald hatte meine Mutter gezeigt, dass sie überall zufassen konnte und wir gehörten zur Familie. Auch in der Schule fand ich Freundinnen und fühlte mich recht wohl. Im Rückblick sage ich: Es war eine schöne Zeit.

Nicht so wichtig

Krieg war für uns Kinder nicht so wichtig. Wir hörten lediglich von den Erwachsenen, wie schlimm alles war. Eines schönen Tages wurde dann getuschelt: „Die Amerikaner kommen!“ Am Nachmittag rollten die Panzer in unser kleines Dorf und wir Kinder fanden es ganz aufregend, aber auch unheimlich. Es wurde erzählt, die wenigen Männer, welche es in Essern noch gab, haben sich im Wald versteckt, weil sie sonst erschossen werden, so hatten wir es aufgeschnappt. Alle Frauen mit und ohne Kinder rückten in der nächsten Nacht sehr eng zusammen, der Grund dafür ist mir eigentlich erst viel später klar geworden!

In der Nacht

Meine Mutter war nie sehr ängstlich und wir blieben in unserem kleinen Häuschen. Als in der Nacht plötzlich ein Farbiger vor unserem Bett stand und meine Mutti mitnehmen wollte, habe ich so laut geheult, bis er von ihr abgelassen hat. In den nächsten Tagen ging das Gewöhnen an die amerikanische Besatzung, besonders bei uns Kindern, recht schnell.

Nie wieder!

Wir lernten die ersten Worte Englisch und bekamen dazu noch Kaugummi geschenkt. Diese Soldaten hatten ja auch

Kinder, also es waren auch Väter, es machte uns leicht vertraut. Ein defekter Panzer stand mitten im Dorf, wir durften es nicht, spielten aber gern darauf herum. Ich quetschte mir dabei den linken Ringfinger. Heulend und blutend suchte ich meine Mutti, welche mich kurz entschlossen auf den Gepäckträger ihres Fahrrades setzte und in das sechs Kilometer entfernte Laveslo, zum nächsten Arzt radelte. Erst, als der Finger genäht und verbunden war, versiegten meine Tränen. Auf einen Panzer wollte ich nie wieder klettern!

Absolute Bettruhe
Einige Tage später bekam ich hohes Fieber und quälenden Juckreiz am ganzen Körper. Meine Mutter war zu der Zeit per Fahrrad in Hannover, um sich um unsere Mietwohnung zu kümmern, die von anderen Flüchtlingen belegt werden

Kurz vor den schweren Luftangriffen: Einschulung 1943 in Hannover.

sollte. Es war die schlimmste Zeit meiner Kindheit, krank und ohne Mutter in der Fremde. Der Arzt sagte: „Es ist die Krätze, keinen Kontakt zu Kindern und absolute Bettruhe.“ Als ich meine Mutti dann endlich wieder umarmen konnte, war die Krankheit auch schnell vergessen.

So viele kaputte Häuser

Ich war kaum wieder richtig auf den Beinen, da wurde das Fahrrad flott gemacht. Ich war schockiert: Eigentlich wollte ich Essern gar nicht verlassen! „Helga, du musst auf den Gepäckträger“, sagte meine Mutter, „wir müssen nach Hannover, sonst bekommen wir die Wohnung nicht wieder.“ Als wir nach der unbequemen Heimfahrt mit Übernachtung im Freien endlich das zerstörte Hannover erreichten, war ich sehr traurig, so viele kaputte Häuser hatte ich noch nicht gesehen.

Mein Vater, der fremde Mann

Einige Tage später, es war schon Herbst, doch die Sonne schien noch recht warm. Da machten wir beide eine Spazierfahrt zum Maschsee. Mutti saß auf einer Bank und ich spielte am Wasser herum. Plötzlich sah ich einen fremden Mann meine Mutter umarmen: Es war mein Vater, entlassen aus russischer Kriegsgefangenschaft. Neun Monate später hatte ich ein Schwesterchen, knapp zehn Jahre jünger als ich.

Helga Diedrich-Wächter erlebt das Kriegsende wie viele Kinder als eine Mischung aus „aufregend“ und „unheimlich“. Nach der Flucht aus Hannover kehrt sie später in ihre zerstörte Heimatstadt zurück.

Christa Voß

Durch rauchende Trümmer

Bad Lauterberg, Frühjahr 1945
Ich war damals sieben Jahre alt. Mama, mein kleiner zweijähriger Bruder und ich wohnten seit 1943 in Bad Lauterberg. Dorthin waren wir aus Hannover evakuiert worden. Als ich kurz vor Kriegsende aus der Schule kam, sagte Mama: „Kind, beeil dich, heute gibt es beim Bäcker Brot. Dort werden viele Leute Schlange stehen, hoffentlich bekommen wir noch eins ab." Schnell machte ich mich fertig. Allein schon aus dem Grunde, weil ich ständig hungrig war.

„...doch nicht jetzt!"
Aber ausgerechnet zu dem Zeitpunkt, als wir losgehen wollten, sagte mein kleiner Bruder: „Mama, Aa!" „Nein, das kann doch nicht wahr sein, doch nicht jetzt", rief meine Mutter. Hurtig wurde der Kleine auf das Töpfchen gesetzt. Aber Peterle gab sich einfach keine Mühe und nahm sich unendlich viel Zeit. Mutti wurde immer ungeduldiger. Sie versuchte es mit allen Tricks, ihn zum Geschäftemachen zu bewegen. Endlich strahlte das Bübchen und zeigte stolz den Erfolg. Nun aber los.

Angriff beim Bäcker
Rasch wurde das Kind in die Kinderkarre gesetzt. Im Sauseschritt rannten wir zum Bäcker. Doch, oh Schreck, schon heulten mal wieder die Sirenen. „Zu spät, das Brot können wir vergessen. Jetzt müssen wir in den Bunker", sagte Mama. Da kam in einem Höllentempo ein Motorrad angerast. Ein Mann saß hinten auf dem Sozius. Er schrie wie irre: „Wo ist hier das Krankenhaus?" Mutter zeigte in die Richtung, in der die Klinik lag. Als wir im Bunker ankamen, herrschte hier große Aufregung. Man sagte uns, die Leute, die beim Bäcker um Brot angestanden hatten, seien von Kampffliegern angegriffen worden. Es habe viele Tote und Verwundete gegeben. Da wurde meine Mutter blass und drückte meinen kleinen Bruder ganz fest an sich.

„Schutt und Asche“

Einige Tage vor Kriegsende hieß es, der Bürgermeister von Bad Lauterberg wolle sich nicht ergeben und bis zum letzten Mann kämpfen. „Gut“, meinte daraufhin der amerikanische Kommandant, „wie sie wollen. Dann legen wir eben den Ort in Schutt und Asche.“

In den Bunker

Mama wusste nicht, wie wir uns retten sollten. Einige Leute wollten in den umliegenden Wäldern Schutz suchen. „Die Bunker sprengen die Amis doch alle in die Luft“, hieß es. Schließlich entschied sich die Mutter doch für den Bunker, weil wir Kinder noch zu klein waren für die kühlen Wälder.

„Ich will hier nicht bleiben.“

Wir packten das Nötigste zusammen und suchten den Bunker auf. Der Schutzraum war ein ausgedienter Bergstollen. Viele Menschen hatten sich auf den Bänken, die an den

Auf Erkundungstour: Christa Voß mit ihrer Mutter und dem kleinen Bruder in Bad Lauterberg.

Stollenwänden angebracht waren, platziert. „Hier stinkt es", bemerkte ich. „Das sind die Toiletten, die vollgeschissen sind", sagte ein Mann. „Ich will hier nicht bleiben", stieß ich hervor. „Ach, Kind, es wird sicher nicht lange dauern", tröstete mich Mama. Doch sie sollte sich irren.
Tagelang hörten wir die schweren lauten Geschosse von der deutschen Wehrmacht und den Alliierten. Keiner durfte den Raum verlassen. Nicht einmal zum Luftschnappen. In einer alten Blechdose fingen wir das Wasser auf, das von den Felsen tropfte. So konnten wir wenigstens unseren Durst stillen. Aber zum Beißen gab es in der ganzen Zeit nichts.

Mit allen Sinnen

Wir Kinder jammerten vor Hunger. Eine Frau sagte: „Das halte ich nicht mehr aus. Ich besorge für die Kleinen etwas zu essen." Der Luftschutzwart hielt sie fest. „Sie können da nicht hinaus, das werden Sie nicht überleben." Aber die mutige Frau riss sich los und kam nach einer langen Weile tatsächlich mit einem großen Topf Pellkartoffeln wieder. Nur wir Kinder bekamen einige Erdknollen. Ich aß sie mit allen Sinnen. Nie zuvor hatte ich so etwas Köstliches gegessen.

„Verschwindet!"

Nach einigen Tagen ließ die Schießerei nach. „Nun können wir sicher bald nach Hause", sagte Mama. Immer wieder wollten sich deutsche Soldaten bei uns im Bunker verstecken. „Macht, dass ihr verschwindet, sonst sprengen die Amis alle in die Luft, wenn sie euch hier finden", schrieen einige Männer.

„Ihr könnt alle nach Hause."

Dann war es endlich so weit. „Sie kommen", rief einer. Es waren drei Amerikaner. Der erste, der voran ging, hatte in der erhobenen Hand eine Handgranate. Die zwei anderen schauten sich suchend um. Es herrschte Totenstille. Nur mein kleiner Bruder fand diese Szene wohl sehr lustig und kreischte vor Vergnügen. Da wurden die Amis auf uns aufmerksam und kamen direkt auf uns zu. Vor uns blieben sie stehen. Mutti und ich zitterten vor Angst. Doch da lächelte der Mittlere und strich dem Hosenmatz zärtlich über die blonden Locken. Er sagte in gebrochenem Deutsch: „Ich habe in Amerika auch so einen little boy“, und ging dann weiter. „Der Krieg ist aus, ihr könnt alle nach Hause“, rief nun der Luftschutzwart.

Frau Otte, der Engel

Als wir wieder das Tageslicht erblickten, wurden wir von der Helligkeit geblendet. Die Kinderkarre, die vor dem Bunker abgestellt worden war, hatte wohl Schlimmes erlebt. Sie war völlig aus der Form. So machten wir uns auf den Weg zu unserer Unterkunft. Überall standen Panzer herum, auf denen vorwiegend farbige Soldaten saßen und lärmende amerikanische Musik hörten. Ich konnte es nicht fassen: Wo früher ein Gebäude stand, da waren nur noch rauchende Trümmer. Auch das Haus, in dem wir wohnten, war zerstört. Mama schluchzte laut auf: „Wo sollen wir nun hin, die Wohnung in Hannover ist völlig ausgebombt und nun noch dieses!“ Doch da kam ein Engel in der Gestalt von Frau Otte daher. Sie bot uns an, in ihrem Zimmer ein Notlager einzurichten.

Amiflittchen

Aber eines konnte ich als Kind überhaupt nicht verstehen: dass deutsche Frauen mit unseren so genannten Feinden plötzlich so freundschaftlich taten. Als ich Mutti darauf ansprach: „Warum umarmen und küssen sie unsere Feinde?“, sagte sie wütend: „Das sind richtige Amiflittchen, die wollen nur Schokolade und Kaffee.“

Chaotische Tage

Die ersten Nachkriegstage waren chaotisch. Alles war durcheinander. Ich sah einen großen Leiterwagen, der von zwei Pferden gezogen wurde, auf dem lagen viele ausgezehrte Leichen übereinander. Überall standen Munitionskisten auf den Straßen und die Kinder spielten damit. Einmal, als ich mit meiner Mutti spazieren ging, kam uns eine schreiende Mutter mit einem zerfetzten, blutenden Jungen auf dem Arm entgegen. Mama riss mich zur Seite und hielt mir die Augen zu.

„Unser Behelfsheim in Oberricklingen": Die Familie Voß fängt nach dem Kriegsende neu an.

Morgen nach Hannover

Eines Tages stand Papa aus Hannover ganz unerwartet vor uns. Er sagte: „Ich hole euch heim." „Wie bist du nach Bad Lauterberg gekommen, der ganze Verkehr ist doch zusammen gebrochen", wunderte sich Mutti. „Natürlich mit dem Fahrrad, für morgen habe ich einen Lastwagen aufgetrieben, damit fahren wir dann zusammen nach Hannover."

Durch schmale Schuttpfade

In Hannover am Hauptbahnhof war die abenteuerliche Reise beendet. Auch hier in der Heimat, nur Trümmerberge, nur noch viel höher als im Harz. Ich heulte laut los, als ich das Elend sah. „Warte nur ab. Ich habe in Oberricklingen ein Behelfsheim erworben, das wird dir sicher gefallen", tröstete mich Papa. Mein kleiner Bruder wurde auf den Gepäckträger des Fahrrades gesetzt und die wenige Habe an die Lenkstange gehängt. So quälten wir uns durch die schmalen Schuttpfade.

„Hier sollen wir wohnen?“

Nach einem langen Marsch waren wir am Ziel. Wie eine kleine Baracke sah das Häuschen aus. Die Fenster waren mit Brettern und Pappe zugenagelt. „Hier sollen wir wohnen?“, fragte Mama ungläubig. „Und stinken tut es hier auch“, setzte ich hinzu. „Na ja, die Leute haben während des Chaos die Räume als Toiletten benutzt“, antwortete Vater. „Nein, nicht doch“, rief Mutter, „dann haben wir sicher Flöhe als Untermieter.“ „Wartet nur ab, ich richte alles schön wieder her, ich mache es euch noch so richtig gemütlich“, erwiderte mein Vater.

Schöne Weitsicht

Dann nahm er mich bei der Hand und zeigte mir den Garten. Dort lag natürlich auch ein großer Scherbenhaufen. „Klettere nur dort hinauf. Von da aus hast du eine wunderschöne Aussicht zum Mühlenberg mit der Mühle und kannst sogar den Benther Berg sehen“, ermunterte mich Papa. Ich befolgte seinen Rat und erklomm den Steinhaufen. Sofort war ich begeistert von der schönen Weitsicht und der Landschaft. Ich beschloss, den Steinhügel zu meinem Lieblingsplatz zu machen. Nun war ich endlich mal wieder nach langer Zeit ein wenig glücklich.

Christa Voß ist fünf Jahre alt, als sie mit ihrer Mutter und dem kleinen Bruder von Hannover nach Bad Lauterberg evakuiert wird. Zwei Jahre später warten sie in einem Bunker tagelang auf das Kriegsende. Als es endlich soweit ist, macht sich die Familie auf den Weg in ein neues Leben.

Günther Tegtmeyer

„Es kann nur besser werden"

Wülfingen, Anfang April 1945

In den ersten Apriltagen 1945 marschierte ein größerer Trupp HJ (Hitler-Jungen) aus Eldagsen und Springe durch Wülfingen und verteilte Flugblätter. Sie erzählten uns, dass sie in Hildesheim bewaffnet und ausgerüstet würden, um bei der Verteidigung der „Festung Harz" mitzukämpfen. Nur vom Hörensagen weiß ich, dass dort viele von ihnen in den letzten Kriegstagen sinnlos gefallen sind. Diese Flugblätter richteten sich auch an Mädels und Pimpfe – also 10- bis 14-Jährige! Sie sollten noch kurz vor dem Kriegsende Sabotage begehen und Widerstand leisten.

Schwindende Begeisterung

Ich selbst bin „gläubiger" Pimpf gewesen, der gern ins Kino ging und sich an den Erfolgen der deutschen Soldaten begeisterte, die in der jeweiligen „Wochenschau" verherrlicht wurden. Immerhin hatte die Großdeutsche Wehrmacht halb Europa erobert. Meine Begeisterung erhielt einen „Knacks", als ein Cousin Weihnachten 1943 und ein Onkel im Sommer 1944 in Russland gefallen waren sowie unsere Wehrmacht an allen Fronten zurückgeschlagen wurde.

06. April 1945

Ich strolchte mit einem Freund verbotenerweise am Dorfrand herum. Nach einer Weile trafen wir auf einen Haufen Feuerwehrleute. „Hands up!" schallt es uns auf einmal entgegen und wir bekamen einen Riesenschrecken. Ein mit amerikanischen Soldaten besetzter Jeep stoppte neben uns. Einer der Soldaten wollte von uns wissen, wo sich deutsche Soldaten oder Werwölfe aufhalten. Anschließend schickten sie uns unbeschadet nach Hause. Da sich eigentlich nichts ereignete, war ich ein bisschen enttäuscht; denn ich war der Meinung, dass der Krieg sang- und klanglos zu Ende gegangen war.

07. April 1945
Umso größer war der Schrecken, als am anderen Morgen ein Flugzeug über dem Dorf kreiste und Granaten einschlugen. Meine Mutter rief verzweifelt: „Bisher haben wir den Krieg überstanden und jetzt werden wir am Ende doch noch beschossen“, und rannte mit mir in den Keller, um Zuflucht zu suchen. Doch schon bald siegte meine Neugierde und ich fuhr mit meinem Fahrrad in Richtung des heutigen Sportplatzes. Von dort aus konnte man das aufblitzende Mündungsfeuer aus Richtung „Papendahl“ am besten beobachten.

Kein Ende
Ich bin der Meinung, dass wir die Einstellung des Beschusses nur dem polnischen Zwangsarbeiter Franz des Schlachtermeisters Zoch zu verdanken haben, der gerufen hatte: „Müssen weiße Fahne zeigen!“ und sofort ein großes Bettlaken an eine Bohnenstange geknotet hatte. Daraufhin wurde nämlich der Artillerie-Beschuss sofort eingestellt. Das einzige Kriegsopfer in Wülfigen war an diesem Tage ein anderer polischer Zwangsarbeiter. Er wurde bei den Löscharbeiten der Scheune von Bauer Heinrich Brinkmann von einer zweiten Granate getötet. Nun war mir klar, dass der Krieg noch nicht zu Ende war.

„Schnell weg hier!“
Bis Pattensen begleiteten ein Schulfreund und ich die amerikanischen Soldaten, die auf dem Weg waren, Hannover nach Süden hin militärisch abzuriegeln. Auf dem Rückweg waren wir geschockt, als wir unter dem Marienberg einen zerschossenen PKW mit Leichen darin fanden. Einer trug noch eine NS-Uniform. „Schnell weg hier!“, war unser Gedanke, und die Kriegswirklichkeit hatte mich erneut erwischt. Später stellte sich heraus, dass es sich um Einwohner des benachbarten Adensen handelte.

US-Truppen auf dem Hof
Gegen Mittag richteten US-Truppen auf dem Hof des Landwirtes Georg „Schorse“ Oehlerking eine provisorische Kriegsgefangenen-Sammelstelle ein, weil der direkt an deren Vormarschstraße (jetzige B3) lag.

Niedersächsische Hitler-Jugend!

Überall – ran an den Feind!

Der Gegner meint, er hätte schon den Sieg in der Tasche — weil seine Truppen in Ost und West auf deutschem Boden kämpfen.

Immer wieder versucht er, uns mit seinen Bombenteppichen und Tieffliegerangriffen mürbe zu machen.

Auch der feindliche Nachrichtendienst läuft auf vollen Touren, um die Siegeszuversicht und das Vertrauen des deutschen Volkes auf seine Führung zu zerstören.

Wieder werden im Feindlager Termine für unsere endgültige Vernichtung festgesetzt, und wieder muß der Gegner Tag für Tag erleben, daß er die Rechnung ohne den Wirt gemacht hat.

Das deutsche Volk kämpft und arbeitet wie nie zuvor, weil es weiß, daß es um die Entscheidung und um unser aller Leben geht.

Unsere zerstörten Städte, unsere gemordeten Mütter und Geschwister machen uns noch fanatischer und entschlossener im Widerstand und im Haß gegen die Kriegsverbrecher und ihre Söldlinge!

Unseren Glauben an den Führer und an den Sieg können auch die schwärzesten Nachrichten der Feindsender nicht erschüttern.

Gegen ihre Propagandaparolen sind wir gefeit — weil wir wissen, daß unsere Stunde im Kommen ist.

Dieser Krieg ist der totale Krieg des ganzen Volkes!

Auch die Heimat ist zur Front geworden. Neben der Wehrmacht kämpfen die Männer und Jungen des Deutschen Volkssturmes.

Frauen und Mädel helfen in den rückwärtigen Diensten der Wehrmacht.

Die niedersächsische Hitler-Jugend steht in diesem Ringen an vorderster Stelle!

Täglich spürt der Gegner, daß unsere Jungen ihre „Panzerfaust“ zu gebrauchen wissen. Täglich lernt er die Härte der deutschen Jugend im Geben und Nehmen kennen und die Kraft ihres Glaubens, den niemand nehmen kann. Nicht nur die älteren Hitlerjungen, nein auch die Mädel und Pimpfe stehen auf ihrem Platz in der Abwehrfront! Wer keine Waffe führt, kämpft auf seine Weise!

Es gilt, den Feind zu schlagen, wo man ihn auch trifft!

Jede Waffe und jedes Mittel ist dazu recht. Jeder Schaden, der dem Gegner auf deutschem Boden zugefügt wird, hilft zum Sieg! Keine große Ausbildung, keine Technik, keine Waffen sind dazu notwendig.

Nur Mut, Einsatzbereitschaft, Schnelligkeit, Umsicht und fanatischer Haß tun Not,

um die Waffen unseres Widerstandes zu handhaben:

Mit Hammer, Zange, Messer, Schraubenschlüssel und Geschick kann die feindliche Kriegsmaschine erheblich gestört werden. Sie werden sich an uns die Zähne ausbeißen, die Söldlinge der Plutokratie und des jüdischen Kapitalismus!

Jeder Pimpf im feindbesetzten Raum hat seinen Auftrag — und der heißt:

dem Gegner schaden, wo man ihn trifft!

Wenden!

Mit diesem Flugblatt wurden Kinder und Jugendliche dazu aufgerufen, bei der Verteidigung der „Festung Harz“ mitzukämpfen.

Auf das Wie, Was und Wo kommt es dabei an. Darum merkt Euch: Der Verkehr ist eine lebenswichtige Schlagader. Sie zu durchschneiden, ist mitentscheidend für den Kriegsverlauf.

Wie stört man Kraftfahrzeuge?

1. Durch die Einfüllung von Zucker in den Benzintank.
   Folge: Düsenverstopfung, Kolben brennen fest, Kraftfahrzeuge werden nachhaltigst betriebsunfähig.
2. Indem man beim Montieren von Reifen feine Metallspäne zwischen Decke und Schlauch bringt.
   Folge: Schläuche zerreißen, Decken werden unbrauchbar, die entstehenden Reifenpannen sind nicht einmalig, sondern entstehen immer wieder, bis die vollkommene Unbrauchbarkeit der Reifen sich herausstellt.
3. Dadurch, daß man Nagelbretter auf die Straßen eingräbt.
   Folge: Reifen platzen, bei größerer Geschwindigkeit gerät der Wagen ins Schleudern und überschlägt sich. Bei geschickter Eingrabung sind die Folgen nicht einmalig, sondern werden sich in den meisten Fällen bis zur Entdeckung mehrmalig wiederholen.
4. Drahtseile hinter Kurven spannt, und zwar so, daß sie sich nicht vom Hintergrund abheben. Angerosteten Draht benutzen!
   Folge: Schwere Kraftfahrzeug-, insbesondere Kraftradunfälle.
5. Telefonleitungen kurz schließen durch Verbinden der Drähte miteinander, aus Tarnungsgründen dünne Drähte zum Zusammenschließen benutzen.
   Folge: Verständigung nicht mehr möglich und Störungsstellen schwer auffindbar.
6. Verbindung der Telefonleitung mit Starkstromleitung durch Überwerfen eines mit einem Stein beschwerten Drahtes.
   Folge: In allen angeschlossenen Aemtern schmoren die Apparate durch, bei Berührung der Apparate in den meisten Fällen Verletzungen und Ausfälle.

Wie stört man Bahnen?

1. Man verklemmt auf Eisenbahnstrecken die Weichen mit Steinen oder hebt das Zugseil der Weichen aus bzw. zerschneidet es.
   Folge: Zugentgleisung.
2. Man legt auf freier Strecke einen Hemmschuh. (Diesen rechtzeitig sicherstellen!)
   Folge: Zugentgleisung.
3. Man zerschneidet die Zugdrähte für die Signaleinrichtung der Eisenbahn.
   Folge: Zusammenstöße.
4. Man läßt das Schmieröl ab aus den Schmierbüchsen der Achsenlager von Eisenbahnwaggons und preßt möglichst Sand oder aus Tarnungsgründen eine Sand-Fett-Mischung ein.
   Folge: Lager laufen heiß, Waggons fangen unter Umständen an zu brennen, dies führt bei Munition- oder Kraftstoffzügen zu Explosionen und macht im allgemeinen zeitweilig, im letzteren Fall sogar sehr nachhaltig Eisenbahnstrecken unbrauchbar.
5. Zerschlagen von Kontrolleinrichtungen aller Art.
   Folge: Maschinenausfall.

Das Wichtigste - - -

Nicht dabei erwischen lassen. Dumm stellen, findig sein, immer neue Schliche und Wege gehen, dann ist der Erfolg sicher.

Wo der Gegner auch einbrechen mag, überall trifft er auf unsere Front in der Heimat. Wir kämpfen unseren Kampf so lange, bis die Stunde des deutschen Soldaten wieder schlägt, bis unsere Wehrmacht endgültig den deutschen Raum von seinen Feinden säubert.

Für diese Stunde kämpfen wir, unser Krieg ist unser Sieg!

Werwölfe packen zu!

Lesen und an die Kameraden weitergeben!

Lässige Soldaten

Verblüfft hat mich auch, wie lässig die US-Soldaten sich verhielten, so dass ich den Eindruck gewann, dass von denen der Krieg gar nicht richtig „ernst genommen“ wurde. Denn die Bewachung haben sie nur salopp gehandhabt, so dass wir Jungens mit den deutschen Kriegsgefangenen völlig ungehindert sprechen konnten.
Abtransportiert wurden sie in Richtung Elze und die Truck-Fahrer waren überwiegend farbige US-Soldaten, die gern verwegene Fahrkünste zeigten, wenn die losbrausten. Diese Kriegsgefangenen-Sammelstelle wurde für etwa zwei Wochen zur einzigen – und wichtigsten – Informationsquelle. Denn Radio-Meldungen (kein Strom) und Zeitungen gab es nicht mehr. Man war auf das angewiesen, was mündlich weitergegeben wurde.

09. April 1945

Enormer Kriegslärm war aus der Gegend südlich von Hannover bis Wülfingen zu hören. Als deutsche Gefangene zur Sammelstelle gebracht wurden, erfuhren wir, dass sie Pattensen „bis zum Letzten“ verteidigen sollten. Nach ihren Schilderungen waren sie keine militärische Einheit, sondern – so wörtlich – ein zusammengewürfelter Haufen.
Sie waren schwer beschossen und sogar bombardiert worden, sodass 50 bis 60 Kameraden von ihnen gefallen waren. Auch unter der Pattenser Zivilbevölkerung habe es etwa 20 Tote gegeben, vor allem Frauen und Kinder. Nun „dämmerte“ es mir, dass wir einige Tage vorher in Wülfingen viel Glück gehabt hatten.

10. April 1945

Es überraschte mich doch sehr, als am 10. April deutsche Matrosen zur provisorischen Kriegsgefangenen-Sammelstelle kamen. Die jüngsten waren erst 16 oder 17 Jahre alt, die meisten allerdings 18 bis 20 Jahre. Ausführlich berichteten sie, dass sie den Mittellandkanal bis Anderten/Misburg verteidigen sollten und dort ihre grausige „Feuertaufe“ erlebt hatten, in dem sie sehr hohe Verluste erlitten.

Weil ihre Vorgesetzten gefallen und sie selbst demoralisiert waren, hatten sie sich schließlich „abgesetzt“, um gezielt in Gefangenschaft zu gehen.

„Ohne Filter?“

In den nächsten Tagen „normalisierte“ sich das Verhältnis zwischen den US-Soldaten und der Wülfinger Bevölkerung; denn sie bekamen nur Dosen-Verpflegung und waren erpicht auf frische Eier und eingekochte Früchte. Zum Tausch haben sie Brausepulver, Nescafé, Schokolade und Zigaretten angeboten. Als ich meiner Mutter erzählte, dass die Amerikaner sich Kaffee zubereiteten, indem sie heißes Wasser auf das Pulver gossen, hat sie ungläubig gefragt: „Wirklich ohne Filter?“

20. April 1945

Zwei britische Militärlaster hielten in Wülfingen, von denen einige ausgemergelte, zerlumpte Menschen kletterten, die so genannte „Zebra-Kleidung“ trugen. Nicht nur ich war entsetzt, denn sie erzählten, dass sie von englischen Truppen aus dem KZ Bergen-Belsen befreit worden waren. Im Dorf hat sich dies in Windeseile herumgesprochen. Die Betroffenheit in der Bevölkerung war groß. Etliche Bewohner gaben zu, dass sie zwar gerüchteweise etwas über NS-Lager gehört hatten – von den dort verübten schweren Verbrechen jedoch nichts gewusst haben. Nach den Schilderungen der Häftlinge waren sie nur für kurze Zeit in einem der Lager inhaftiert gewesen, so dass sie halbwegs gesund und vor allem gehfähig waren, um sich in ihre Heimatorte „durchschlagen“ zu können.

06. Mai 1945

In Wülfingen tauchten Zivilisten auf, also deutsche Soldaten, die sich irgendwie bürgerliche Klamotten besorgt hatten, und behaupteten, die deutsche Wehrmacht habe zwei Tage zuvor in der Lüneburger Heide kapituliert - und der Krieg sei zu Ende. Erst viel später habe ich erfahren, dass sie vermutlich die so genannte Teilkapitulation am 4. Mai 1945 meinten.

10. Mai 1945

Gesprächsweise erfuhr ich von deutschen Soldaten, die aus der Kriegsgefangenschaft getürmt waren, dass der Krieg endgültig zu Ende sei. Nach ihren Worten hatte „Radio London“ tags zuvor diese Meldung weltweit verbreitet. Als ich meiner Mutter dies erzählte, meinte sie erleichtert: „Nun kann eigentlich alles nur besser werden.“

Günther Tegtmeyer erlebt sein Kriegsende in Wülfingen bei Elze. Kurz vor dem Einmarsch der amerikanischen Truppen erhält er von einem Trupp Hitler-Jungen Flugblätter, die die Kinder zum Widerstand auffordern. Dazu lässt es der junge Tegtmeyer jedoch nicht kommen: Der 13-jährige Pimpf beobachtet den Wandel der Zeit mit all seinen Schrecken und Hoffnungen.

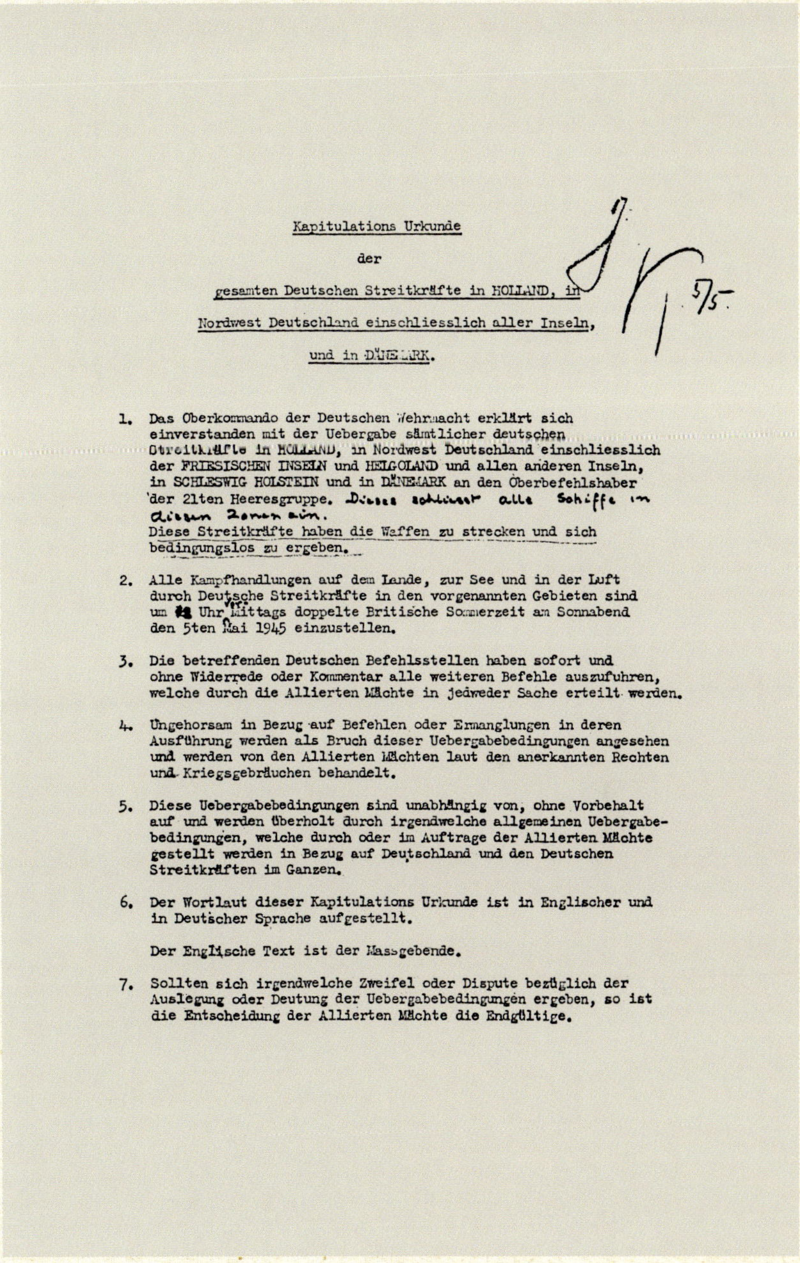

Kapitulations Urkunde

der

gesamten Deutschen Streitkräfte in HOLLAND, in

Nordwest Deutschland einschliesslich aller Inseln,

und in DÄNEMARK.

1. Das Oberkommando der Deutschen Wehrmacht erklärt sich einverstanden mit der Uebergabe sämtlicher deutschen Streitkräfte in HOLLAND, in Nordwest Deutschland einschliesslich der FRIESISCHEN INSELN und HELGOLAND und allen anderen Inseln, in SCHLESWIG HOLSTEIN und in DÄNEMARK an den Oberbefehlshaber der 21ten Heeresgruppe. Dieses schliesst alle Schiffe in diesen Zonen ein.
Diese Streitkräfte haben die Waffen zu strecken und sich bedingungslos zu ergeben.

2. Alle Kampfhandlungen auf dem Lande, zur See und in der Luft durch Deutsche Streitkräfte in den vorgenannten Gebieten sind um 8 Uhr vor Mittags doppelte Britische Sommerzeit am Sonnabend den 5ten Mai 1945 einzustellen.

3. Die betreffenden Deutschen Befehlsstellen haben sofort und ohne Widerrede oder Kommentar alle weiteren Befehle auszufuhren, welche durch die Allierten Mächte in jedweder Sache erteilt werden.

4. Ungehorsam in Bezug auf Befehlen oder Ermanglungen in deren Ausführung werden als Bruch dieser Uebergabebedingungen angesehen und werden von den Allierten Mächten laut den anerkannten Rechten und Kriegsgebräuchen behandelt.

5. Diese Uebergabebedingungen sind unabhängig von, ohne Vorbehalt auf und werden überholt durch irgendwelche allgemeinen Uebergabebedingungen, welche durch oder im Auftrage der Allierten Mächte gestellt werden in Bezug auf Deutschland und den Deutschen Streitkräften im Ganzen.

6. Der Wortlaut dieser Kapitulations Urkunde ist in Englischer und in Deutscher Sprache aufgestellt.

Der Englische Text ist der Massgebende.

7. Sollten sich irgendwelche Zweifel oder Dispute bezüglich der Auslegung oder Deutung der Uebergabebedingungen ergeben, so ist die Entscheidung der Allierten Mächte die Endgültige.

Schwarz auf Weiß: Die Teilkapitulation der Deutschen Wehrmacht am 05. Mai 1945.

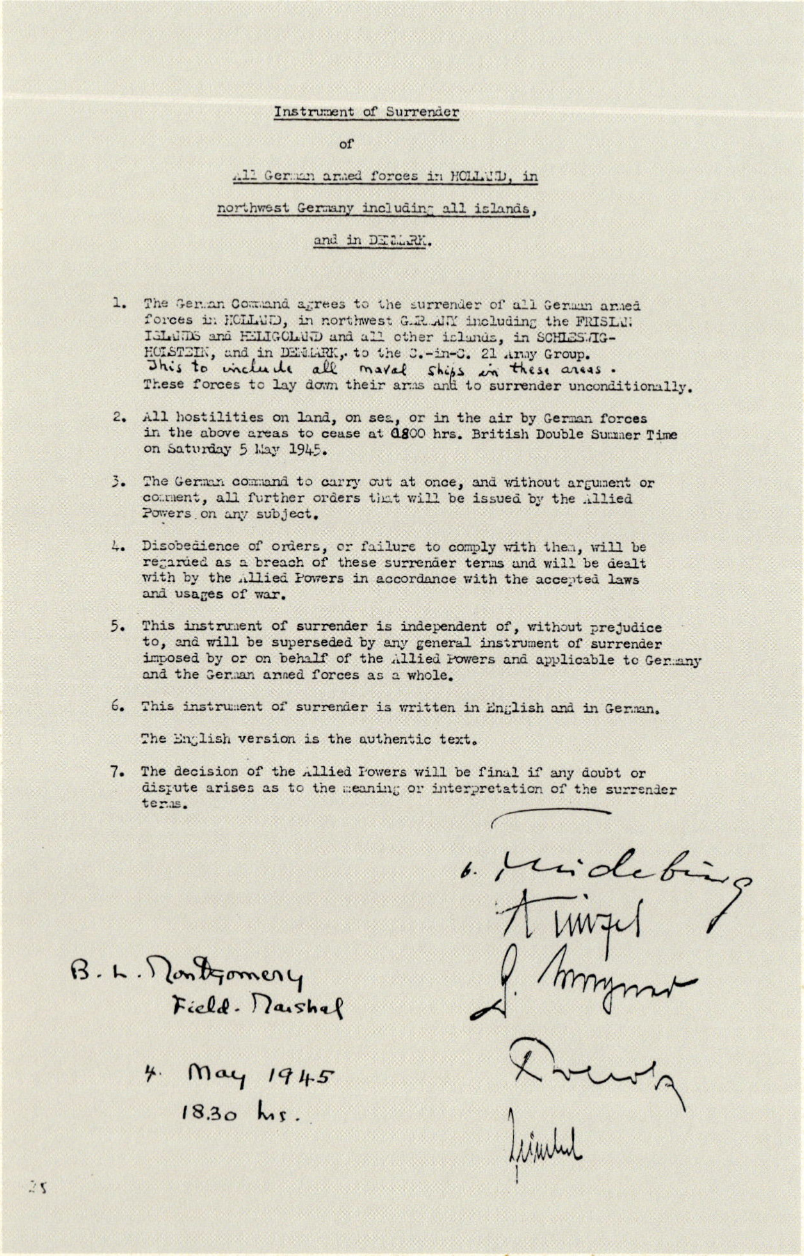

Instrument of Surrender

of

All German armed forces in HOLLAND, in

northwest Germany including all islands,

and in DENMARK.

1. The German Command agrees to the surrender of all German armed forces in HOLLAND, in northwest GERMANY including the FRISIAN ISLANDS and HELIGOLAND and all other islands, in SCHLESWIG-HOLSTEIN, and in DENMARK, to the C.-in-C. 21 Army Group. This to include all naval ships in these areas. These forces to lay down their arms and to surrender unconditionally.

2. All hostilities on land, on sea, or in the air by German forces in the above areas to cease at 0800 hrs. British Double Summer Time on Saturday 5 May 1945.

3. The German command to carry out at once, and without argument or comment, all further orders that will be issued by the Allied Powers on any subject.

4. Disobedience of orders, or failure to comply with them, will be regarded as a breach of these surrender terms and will be dealt with by the Allied Powers in accordance with the accepted laws and usages of war.

5. This instrument of surrender is independent of, without prejudice to, and will be superseded by any general instrument of surrender imposed by or on behalf of the Allied Powers and applicable to Germany and the German armed forces as a whole.

6. This instrument of surrender is written in English and in German.

   The English version is the authentic text.

7. The decision of the Allied Powers will be final if any doubt or dispute arises as to the meaning or interpretation of the surrender terms.

B. L. Montgomery
Field-Marshal

4. May 1945
18.30 hrs.

Die sogenannte Teilkapitulation vom 04. Mai 1945 bei Lüneburg in englischer Sprache.

Rolf Waller

Das Ultimatum von Harsefeld

Harsefeld, Anfang April 1945

Das Kriegsende in meinem Heimatort Harsefeld zog sich fast über drei Wochen hin. Das Haus meiner Eltern, ein Kolonialwarenladen, lag direkt in der Mitte des Fleckens, in der Marktstraße, an der Kreuzung der Hauptstraßen. Als siebenjähriges, in diesem Alter extrem neugieriges Kind, hatte ich also einen idealen Beobachtungsposten im Zentrum des Ortes und des Geschehens. Durch fast tägliches Mitfahren auf dem örtlichen Milchwagen von Hannes Güldemund, einem Kriegsversehrten, sah ich bereits vorher die Errichtung von Panzersperren durch den Volkssturm und kilometerlange Schlangen von Schiebern abgestellter Bahnkesselwaggons von Weißenfelde in Richtung Bremervörde, wo die Eisenbahnbrücke vor Bargstedt gesprengt worden war. In der damaligen Mangelzeit und einer faktischen Gesetzlosigkeit zwischen den Fronten „bediente" sich die Harsefelder Bevölkerung dort mit „Sprit" (Alkohol), geriet

Der junge Rolf Waller mit seiner Mutter und der kleinen Schwester Marlene.

vor Ort jedoch verschiedentlich unter Tieffliegerbeschuss. Ich selbst rettete mich dort unter einen Ackerwagen, dessen Zugpferde durchzugehen drohten.

Die Front nähert sich

In der Zeit vom 10. bis zum 18. April gab es pausenlos Anzeichen der sich nähernden Front: Nacht für Nacht zogen Reste deutscher Heeresverbände durch den Ort. Rasselnde Kettenfahrzeuge ließen unser Haus wackeln und mein Bett im Keller zittern; in der Volksschule wurde ein Lazarett eingerichtete; englische Kriegsgefangene wurden durch die Marktstraße getrieben und kampierten an der Buxtehuder Straße. Als letztes Anzeichen wurde am 18. April 1945 der Bahnkörper in Harsefeld von Tieffliegern mit Bomben angegriffen. Diese verfehlten jedoch das Ziel und zerstörten ein Wohnhaus „Am Wieh“, wobei zwei Menschen starben.

Harsefeld wurde Kampfbereit gemacht

Am 20. April 1945 wurde Harsefeld dann Kampfbereit gemacht und eine Kampfeinheit von 30 deutschen Soldaten stationiert, neben dem bereits vorher stationierten Volkssturm. Die Panzersperren wurden geschlossen, wobei die „Nachbarn“ und Gemeindevertreter bei der Sperre in Richtung Hollenbeck/Zeven dies zu verhindern suchten – ohne Erfolg. Tatsächlich rollten dann am 21. April 1945 englische Panzer von Süden aus Richtung Griemshorst in Harsefeld ein, wo es keine Panzersperre gab. Die Volkssturmeinheit zog sich angesichts der feindlichen Übermacht zurück, so dass die Panzer unbehelligt bis zum Gemeindezentrum, unserem Nachbarhaus, vordringen konnten und die strategisch wichtige Kreuzung besetzten. Einige Besatzungen stiegen aus und durchsuchten rundum alle Häuser, auch das unsrige. Der Laden war natürlich geschlossen, so dass die Engländer mit den MP-Kolben an unsere Seitentür pochten.

„Give here Soda?“

Wir schickten zunächst eine in Hamburg ausgebombte Mitbewohnerin vor, die ein wenig Englisch radebrechen konnte.

Der Kolonialwarenladen der Eltern in der Marktstraße – hier nach dem Krieg.

Es wurde der Chief des Hauses verlangt und meine Mutter kam auf Zuruf aus dem Wohntrakt im ersten Stock die Treppe herunter, aufgeregt und unbemerkt mit mir an ihrem Rockzipfel. Weil mein Mutter kein Wort Englisch verstand, versuchten es die zwei englischen Soldaten mit Deutsch: „Give here Soda?“, verstanden wir. (Natürlich waren „Soldaten“ gemeint!). Meine Mutter, erleichtert und ganz Geschäftsfrau, sagte irgendwie laut und erleichtert: „Ja!“, und wollte fortfahren: „Wie viel Pfund darf es denn sein?“ Beim Vorgehen zur Ladeninnentür schreckte sie jedoch zurück und die Worte blieben ihr im Munde stecken, als hinter ihr ein scharfes „ratsch, ratsch“ durch den Flur hallte. Sie sah die englischen Soldaten mit angelegtem (und entsichertem) Maschinengewehr auf den Knien kauern. Nach kurzem Zögern ging sie dann doch unbeirrt, aufrechten Ganges, weiter durch das „Kontor“ in den Laden um die Ecke, die Engländer im deckungsheischenden, geduckten Grätschgang hinter ihr her.
Die Schublade mit dem Schild „SODA“ war glücklicherweise schon ziemlich vornan hinter dem Hauptladentresen und meine Mutter bückte sich und zeigte demonstrativ mit dem

Im Laden: Die Schublade mit dem Schild „SODA“ befindet sich direkt vor der linken Verkäuferin.

Finger darauf. Die Engländer stutzten, erkannten dann aber sofort das Missverständnis und richteten sich verlegen grinsend zur Normalhaltung auf, wohl auch, weil sie sich im Beisein von Frauen nicht gerade wie Helden gezeigt hatten. Als nun offensichtlich seitens der beiden Herren kein Interesse an Wasch- oder Bleichsoda bestand, war meine Mutter wohl zunächst enttäuscht, wurde dann aber recht blass, als ihr selber klar wurde, was ihre Bejahung der Frage für Folgen hätte haben können. Beide Seiten waren aber jetzt sichtlich erleichtert, und die Engländer verließen dann wieder unser Haus. Ich war zum Tütenstand vorgelaufen und wartete auf Anweisung, welche Tütengröße ich abreißen sollte, um die gewünschte Menge SODA zu verpacken.

Das Ultimatum

Nachdem es in den kommenden Tagen noch mehrere Schusswechsel zwischen deutschen und englischen Soldaten gab, wurde dem Bürgermeister ein Ultimatum gestellt: Der Ort musste bis zum nächsten Tag mittags von deutschen Soldaten geräumt sein – anderenfalls würde Harsefeld durch Bombardierung dem Erdboden gleichgemacht. Weil der Erfolg der Mission ziemlich fraglich war, macht sich unsere gesamte Hausgemeinschaft auf den Weg in „die Wälder" – in unserem Fall in den Steinbeck bei Herde. Ausgangs des Ortes vor einem Bauernhaus kam plötzlich ein englischer Panzerspähwagen auf uns zu, auf welchem unser Bürgermeister saß. Er rief uns zu, dass wir wieder nach Hause gehen könnten, weil er die Bombardierung abgewendet habe. Dennoch brauste zum Zeitpunkt des Ultimatums eine Staffel von Fliegern über den Ort, ohne allerdings Bomben zu werfen. Es war ein Glück, dass wir auf unserem Weg zum Steinbeck aufgehalten wurden – weil es sich später tragisch herausstellte (im wahrsten Sinne des Wortes durch „Bauernopfer"), dass dieser Feldweg vermint war.

Rolf Waller erlebt den Einmarsch der englischen Soldaten in Harsefeld bei Buxtehude. In dem Geschäft seiner Eltern kommt es dabei fast zu einem gefährlichen Missverständnis. Als die Familie anschließend vor der drohenden Bombardierung des Ortes in den Wald flüchtet, rettet sie eine Begegnung mit dem Bürgermeister vor einer Tragödie.

Das Kriegsende naht:
Ein britischer Soldat
sichert mit angelegter
Waffe einen Straßenzug.

Nach jedem Bombenangriff kommt die ängstliche Bestandsaufnahme: Wen hat es getroffen? Haben alle überlebt?

Ein britischer Soldat führt die Männer des Volkssturmes ab, um sie am Löschen der brennenden Häuser zu hindern.

Britische Soldaten beziehen Stellung. Obwohl die meisten Zivilisten das Kriegsende ersehnten, waren erbitterte Straßenkämpfe mit den deutschen Soldaten an der Tagesordnung.

Ein Soldat der britischen Highlander Infantry (HLI) durchsucht Bewohner auf den Straßen der Uelzener Innenstadt nach Wertsachen.

In Schutt und Asche: Durch die Bombenangriffe wurden innerhalb weniger Minuten viele niedersächsische Städte dem Erboden gleich gemacht.

Günter Marggraf

Erste Feindbegegnung

Wilhelmshaven, Frühjahr 1945

Bis zum Frühjahr 1945 hatten regelmäßige Bombenangriffe meine Heimat Wilhelmshaven bereits in ein ausgedehntes Trümmerfeld verwandelt. Zu diesem Zeitpunkt war ich 13 Jahre alt und hatte in einer speziellen Einheit des „Deutschen Jungvolks" (DJ) meine ersten vormilitärischen Übungen absolviert. Unser Widerstandsgeist war durch Taten und noch mehr flammende Appelle enorm gestärkt und gefestigt worden. Alles glaubte damals an die immer wieder angekündigten Wunderwaffen, die schon bald die Wende des Krieges bringen sollten.

Sonderzug nach Ostfriesland

Eines Tages wurde seitens der Kommandostelle der Wehrmacht darüber informiert, dass Wilhelmshaven zur „Festung" erklärt worden sei; das bedeutete, die Stadt wird verteidigt! Zeitgleich wurde mitgeteilt, dass Teile der Bevölkerung (Frauen und Kinder sowie alte Männer) evakuiert werden sollten. Die Mitglieder des „DJ" wurden angewiesen, den Sonderzug nach Ostfriesland als Helfer zu begleiten; insbesondere dann, wenn Angehörige im Zug waren.

Transport im Dunkeln

Schon einige Tage nach dieser Ankündigung wurde der Sonderzug auf dem Wilhelmshavener Hauptbahnhof bereitgestellt. Viele Frauen, Mütter mit Kinderwagen, Koffern und Taschen hatten sich zur Abfahrt des Zuges eingefunden. Nach Einbruch der Dunkelheit setzte sich der Transport in Bewegung. Es war schon gegen 23.00 Uhr, als wir in Wittmund, unserem Bestimmungsbahnhof, eintrafen. Meine Mutter, mein acht Monate alter Bruder und ich erreichten das Dorf Ardorf weit nach Mitternacht. Hier fanden wir bei einer entfernten Tante Aufnahme.

Alliierte Luftherrschaft

Wir, die „Zugbegleiter", waren vorher informiert worden, dass wir uns bei einer DJ-Dienststelle im „Auffangort" melden

Aufgenommen nach einem Bombenangriff auf Wilhelmshaven: Günter Marggraf mit seinem Vater.

sollten. Die dortigen Verantwortlichen teilten uns mit, dass wir gemeinsam mit den Jungen des Ortes als eine Art „Hilfsmannschaft" bei den Sprengungen auf dem benachbarten Flughafen „Wittmund-Hafen" eingesetzt werden würden. Die auf dem Flugfeld abgestellten Militärflugzeuge, unter anderem neueste Düsenjäger, wurden systematisch von Spezialisten der Wehrmacht gesprengt. Täglich erlebten wir beeindruckende Beweise der alliierten Luftherrschaft. Britische Jagdbomber, „Jabos" genannt, griffen häufig die im Randbereich des Flughafens stationierten Flakstellungen an. In einer alten Wehrmachtsbaracke, die außerhalb des Flughafen-Geländes lag, trafen wir uns nach Feierabend und diskutierten die zunehmend ernster werdende Situation.

Hilfloser Engländer

Eines Abends kam ein Anwohner aus der Nachbarschaft und fragte uns, ob sich jemand in englischer Sprache verständlich machen könnte. Obwohl meine Sprachkenntnisse damals äußerst mangelhaft waren, folgte ich dem älteren Mann auf die Straße. Unter einer Straßenlaterne, die nur sehr schwaches Licht von sich gab, saß auf einem oliv-farbenen Motorrad ein junger Soldat in britischer Uniform. Es war tatsächlich ein britischer Kradmelder, der mich hilflos mit großen Augen anblickte. Er musterte meine Uniform (DJ) und erklärte mir, dass er sich offenbar verfahren hätte, er wolle nach Wittmund und bat um eine Wegbeschreibung.

„Thank you"
Nach Überwindung einiger Schrecksekunden erklärte ich ihm den Weg Richtung Wittmund. Plötzlich griff er in die linke Knietasche seiner Motorradkombi und gab mir eine total verknautschte Packung englischer Zigaretten. Es war die Marke „Senior Service". Er murmelte noch ein „Thank you", gab Gas und verschwand im dunklen Nebel. Ich stand noch eine Weile unter der Straßenlaterne, die Zigarettenpackung in der Hand und machte mir klar, dass das meine erste, sehr persönliche Feindbegegnung gewesen war.

Erste Vorausabteilungen
Am folgenden Tag, am frühen Nachmittag, waren die ersten Vorausabteilungen der britisch-kanadischen Streitkräfte im Raum Ardorf und damit im Bereich des Flughafens aufgetaucht. Später stellte sich heraus, dass es polnische Freiwillige waren, die mit dem Ärmelband „Poland" in der britischen Invasionsarmee dienten. Ein verhältnismäßig kleiner Panzer mit vier Mann aufgesessener Infanterie hielt am Nachmittag vor dem Lebensmittelgeschäft unserer Tante. Ein Sergeant fragte mich, ob Soldaten oder Waffen im Hause vorhanden seien. Als ich das verneinte, verzichtete er auf eine Durchsuchung des Hauses und gab mir eine kleine Tafel Schokolade.

Polnische Mädchen als Dolmetscher
Ungefähr eine Stunde nach diesem ersten Besuch kamen drei andere polnische Soldaten. Sie wurden begleitet von drei polnischen „Fremdarbeiterinnen", die schon seit längerer Zeit auf den umliegenden Bauernhöfen arbeiteten und gut die deutsche Sprache beherrschten. Einer der Soldaten stellte einen Stuhl in die Mitte des Ladens und setzte sich darauf. Hinter dem Stuhl stand eines der polnischen Mädchen und fungierte nun als Dolmetscherin. Im Befehlston wurden Unmengen von Lebensmitteln und Alkohol „geordert". Die Ware musste von uns zur nahe gelegenen alten Schule gebracht werden.

Kein Stacheldraht mehr
Die alte Schule von Ardorf war als Unterbringung für französische Kriegsgefangene umgebaut worden. Rund 15 Gefangene wohnten hier, sie arbeiteten bei den Bauern in

der Umgebung. Als wir mit unserer Warenlieferung an der Schule eintrafen, war der das Gebäude umgebende Stacheldrahtzaun bereits demonstrativ umgelegt worden.

Bild der Verwüstung
Was dann in den Räumlichkeiten stattfand, muss eine Riesenorgie gewesen sein. Schon am frühen Abend zogen Befreier und Befreite johlend und kreischend (die polnischen Mädchen) über die Dorfstraße. Am anderen Morgen waren alle Akteure spurlos verschwunden, natürlich hatte man auch die polnischen Mädchen mitgenommen. Als wir unsere Warenkörbe abholen wollten, bot sich uns ein Bild der Verwüstung in der Schule. Die Lebensmittel bedeckten die Fußböden, überall zerbrochene Flaschen, alle Betten waren aufgeschlitzt – ein wahres Chaos.

„Offene Stadt"
Bereits zwei Tage später richtete sich in der neuen Schule eine britische Kommandostelle ein. Die Truppe blieb 14 Tage und zog dann weiter. Ich blieb noch bis Juli 1945 in Ardorf und kehrte dann heim zu meiner Familie nach Wilhelmshaven. Entgegen den Vorankündigungen wurde Wilhelmshaven nicht verteidigt. Die Stadt wurde zur „Offenen Stadt" erklärt und den britischen Truppen kampflos übergeben. Nur so konnte weiteres Blutvergießen und nur so konnten weitere Zerstörungen verhindert werden.
Jetzt war mir klar: Das war das Ende des Krieges.

Günter Marggraf verschlägt es im Frühjahr 1945 aus seiner Heimatstadt Wilhelmshaven in die Nähe von Wittmund. Dort hat er seine erste, ganz persönliche Feindbegegnung und dort erlebt er auch das Ende des Krieges.

Herbert Breßler

Mit den Augen eines Drei-Käse-Hochs

Oldenburg, Frühjahr 1945

1945 war ich vier Jahre alt. Krieg – und somit auch Kriegsende waren für mich abstrakte Begriffe, mit denen ich wenig anzufangen wusste. So mag es auch nicht verwundern, dass für mich in dieser Zeit ganz andere Dinge von Interesse waren. Dazu gehörten, zum Beispiel, einige Orden mit ihren bunten Ordensspangen. Die hatte wohl irgendein zackiger Etappen-Offizier, mit den damals üblichen Worten vom „heldenhaften" Tod meines Vaters, zu uns nach Hause gebracht. Ich kramte die Dinger immer wieder aus einer Schublade hervor. Schließlich nähte meine Mutter sie mir auf eine dieser, zu der Zeit gebräuchlichen, schlabberigen Bluse eines schlabberigen Trainingsanzuges. Damit lief ich nun täglich stolz in der Gegend herum – auch an jenem Tag im Frühjahr des Jahres 1945, als sich endlose Kolonnen von Panzern und Panzergrenadieren über die alte Reichsstraße, heute B 75, nach Oldenburg hineinwälzten. Ha, das war für mich die Gelegenheit, den Krieg doch noch zu gewinnen!

Mit ordensgeschmückter Brust

Als Drei-Käse-Hoch schnappte ich mir also mein Dreirad. Nein, das war nicht irgendein Dreirad, nein, es war das schnellste und schönste Rad von allen Fahrzeugen der Straße. Keine vorsintflutliche Kurbel am Vorderrad, sondern mit Kettenantrieb und gefedertem Sattel ausgestattet. Mit diesem Gefährt, ordensgeschmückter Brust, unternehmungslustig und neugierig, begleitete ich also die britischen und kanadischen Truppenverbände. Irgendwann schenkte mir ein Soldat einen großen Riegel Schokolade und ein undefinierbares Päckchen. Die Schokolade – ich glaube, es war die erste in meinem Leben – verzehrte ich an Ort und Stelle. Das ominöse Päckchen entpuppte sich als Kaugummi. Mit Sicherheit das erste in meinem Leben!

Dreirad gegen Schokolade

Einige Tage später – es zogen immer noch alliierte Truppenverbände nach Oldenburg hinein – kam ein riesiger schwarzer Mann auf mich zu. Einen Farbigen hatte ich vorher noch nie gesehen. Er fummelte an meinen Orden herum und bedeutete mir, dass er die Dinge haben wollte und bot mir eine ganze Tafel Schokolade an. Ich weigerte mich standhaft. Wahrscheinlich hatten ihn meine energischen Proteste Furcht eingeflößt. Als er mich dann gestenreich bat, auf meinem Superdreirad fahren zu dürfen, war das Geschäft perfekt: Ich erhielt eine Schokolade, er mein Dreirad. Das war leider solchen Belastungen nicht gewachsen und zerbrach im Rahmen, als er sich darauf setzte. Ich hatte zwar die Schokolade, allerdings auch ein kaputtes Dreirad. Hatte ich den Krieg nun gewonnen oder verloren? Die ersten englischen Vokabeln, die ich damals lernte, waren übrigens: „Have you Chocolate" und „have you Chewinggum".

Herbert Breßler war vier Jahre alt, als die kanadischen und englischen Truppen in Oldenburg einziehen. Mit kindlicher Unbekümmertheit knüpft er erste Kontakte mit den Soldaten, bekommt Schokolade und isst sein erstes Kaugummi.

Ursula Japtok

„Uncle Gus“ – vom Feind zum Freund

Hameln, April 1945
Als meine Heimatstadt Hameln im April 1945 von der amerikanischen Armee eingenommen wurde, war ich gerade acht Jahre alt geworden. Meine Eltern stammten aus Hannover, mein Vater hatte in Hameln seine erste Anstellung als Diplom-Handelslehrer nach längerer Zeit der Arbeitslosigkeit bekommen, so dass meine Eltern 1934 heiraten konnten. 1937 wurde ich geboren – 1940 meine Schwester.

Besuch in den USA
Wichtig für den weiteren Bericht ist die Erwähnung, dass wir weitläufige Verwandte in den USA hatten, die uns anlässlich des Olympiajahres besuchten und meine Mutter 1939 für ein halbes Jahr in die USA einluden. Mein Vater benutzte einen Bildungsurlaub dazu, um sie dort abzuholen. Sie kamen beide mit dem letzten Schiff vor Ausbruch des Krieges zurück. Die amerikanische Klangfärbung in der Aussprache meiner Mutter spielte später eine nicht unerhebliche Rolle bei der Bewältigung der ersten Monate nach dem Zusammenbruch.

Liberale Auffassung
Mein Vater war Schwager des späteren Regierenden Bürgermeisters von Berlin, Ernst Reuter, der seine ältere Schwester geheiratet hatte. Beide verwandtschaftlichen Verbindungen bewirkten eine sehr liberale Auffassung meiner Eltern. Gleichzeitig stieg aber auch die Sorge, wegen meines Onkels und dessen Verfolgung durch die Nazis selbst verfolgt zu werden, deshalb verhielten sie sich möglichst unauffällig. Von einem jungen Beamten wurde damals erwartet, dass er seine Kinder „dem Führer weihte“, berichtete meine Mutter später. Meine Eltern verweigerten diesen Akt, wir wurden auch nicht getauft.

März 1945
„Mein Kriegsende" begann also damit, dass meine Schwester und ich im März 1945 getauft wurden. Ich war bis dahin

Die kleine Ursula Japtok verlernte das Lachen nicht – trotz qualvoller Kriegsjahre.

nicht religiös erzogen worden, so dass mir nicht bewusst war, was da an mir vollzogen wurde. Es beeindruckte mich aber insofern, als ich das Gefühl hatte, dass etwas Verbotenes geschah und ich darüber besser nicht sprechen sollte.

Ständige Bombenabwürfe

Die letzten Monate des Krieges verbrachten wir oft im Luftschutzkeller oder Bunker. Meist gab es am Spätvormittag Fliegeralarm, der bis zum frühen Nachmittag dauerte. Es gab gelegentliche Bombenabwürfe auf einige Industrieanlagen der Stadt oder weil die abfliegenden Flugzeuge noch Restlast loswerden wollten. Manchmal war danach ein Versorgungsmittel, Gas oder Wasser, nicht mehr einsatzfähig, so dass wir uns behelfen mussten.

Pralles Leben im Kinderbuch

Gegen 22.00 oder 23.00 Uhr gab es wieder Alarm. Halb noch im Schlaf zog ich mich auf Geheiß meiner Mutter, die sich um die kleine Schwester kümmern musste, an, griff nach meinem fertigen Köfferchen und stolperte die Treppe hinab in den Luftschutzkeller, der die angebaute Garage des Miethauses war. Dort hatte jede der drei Mietparteien das kostbarste Gut in Kisten und Körben gelagert. Ein Etagenbett stand für uns Kinder zur Verfügung. Sonst saß man auf einfachen Stühlen, stundenlang. Mit den anderen Mietern hatten wir nicht viel zu bereden. Wir Kinder nervten sie. Mehr als eine schwache Lampe gab es nicht, denn Strom war rationiert. Unter dieser einen Lampe stand ich Schulanfängerin meist und las, was mir in die Finger geriet. Auf diese Weise erlebte ich durch die Kinderbücher das pralle Leben, dass mir durch den stundenlangen Aufenthalt im Keller vorenthalten wurde.

Vorsorge für das Kriegsende

Meine Eltern hatten für die Zeit nach dem Zusammenbruch Verabredungen getroffen, denn an einen möglichen Sieg glaubte schon lange keiner von ihnen mehr. Wenn unsere Familie den Zusammenbruch überleben würde, sollten sich alle deutschen Verwandten – insgesamt 29 Familien – möglichst umgehend bei der Tante in den USA melden, die von dort aus eventuell eine Familienzusammenführung bewerkstelligen könnte. Außerdem sollte meine Mutter mit uns beiden Kindern möglichst der amerikanischen Truppe entgegen ziehen, um die letzten Kämpfe möglichst schnell hinter sich zu bringen und nicht den Russen in die Hände zu fallen. Für diese Anweisung meines Vaters wurden in den letzten Kriegswochen Vorkehrungen getroffen. Unser großer Garten, von dessen Erträgen wir bis dahin schon überwiegend gelebt hatten, lag einige Kilometer westlich, auf der anderen Weserseite. Es war zu erwarten, dass die Flussbrücken gesprengt werden und wir dann von unserer Versorgungsquelle abgeschnitten sein würden. Meine Mutter

Ursula Japtok mit ihrer jüngeren Schwester im Jahr 1944. Die Kleider hat die Mutter selbst genäht.

bat daher einen Kollegen meines Vaters, der in der Nähe unseres Gartens wohnte, uns in den entscheidenden Tagen bei sich aufzunehmen.

Geschütz im Garten

Immer wieder kamen dort deutsche Soldaten ins Haus, um die Erwachsenen auf eine Verteidigung vorzubereiten und einzuschüchtern, damit sie nicht „zum Feind überlaufen" sollten. Eines Tages wurde meine Mutter mitten in der Nacht aus dem Bett geholt und in unseren Garten gebracht. Dort teilte ihr ein Offizier mit, dass man ein Geschütz stationieren wolle, um den Vormarsch der Amerikaner zu stoppen. Als meine Mutter jammerte, dass sie bereits einige Beete eingesät habe und nun unsere Ernährungsgrundlage zerstört werden würde, sah sich der Offizier nach möglichen Lauschern um und raunte meiner Mutter zu, sie solle sich nicht aufregen, es gäbe weder ein Geschütz noch Munition dafür. Ebenso erging es den beiden Rentnern, die im Hause wohnten. Sie wurden noch zum Volkssturm eingezogen, waren aber am nächsten Tag wieder zu Hause, weil es keine Panzerfäuste mehr gab.

Angst und Hoffnung

An den letzten Tagen vor Eintreffen der amerikanischen Truppen gab es ein Hin und Her. Mutige Erwachsene schlugen sich durch die umgebenden Wälder in Richtung auf die Front und kamen zurück, um uns über das Vorrücken der Amerikaner zu unterrichten. Dann waren plötzlich keine deutschen Uniformen mehr zu sehen. Wir hörten, dass die amerikanischen Panzer den äußersten Stadtrand nun erreicht hätten. Wir gingen alle in den Luftschutzkeller, um dort zu verweilen, bis die Front über uns hinweg gezogen sein würde. Das Schießen der Geschütze kam näher und näher, die Lautstärke wurde mir so unerträglich, dass ich mir stundenlang die Finger in die Ohren steckte. Ich spürte bei den Erwachsenen eine Mischung aus Angst und Hoffnung.

Großes Gebrüll

Anhänger der Nazis war keiner der Hausbewohner, so dass auch ziemlich offen gesprochen wurde. Einige stahlen sich hinauf in ihre Wohnungen, um weiße Tücher aus dem Fenster zu hängen. Sie erzählten, dass bereits die ganze Straßenfront weiß beflaggt sei. Dann gab es plötzlich oben in Hausflur ein großes Gebrüll, als irgendein Blockwart aus der Nachbarschaft alle anwies, die Tücher wieder hereinzunehmen. Kaum war er weg, hängte man die Laken wieder aus den Fenstern.

„Ist da jemand unten?"

Im Keller verlor ich langsam das Zeitgefühl, da wir kein Tageslicht sehen konnten. Die Geschütze hämmerten weiter. Plötzlich wurde die Kellertür aufgerissen und jemand brüllte auf Englisch: „Ist da jemand unten?" „Wie viele Personen und wer?" Als meine Mutter antwortete, dass wir 14 Personen wären, alles Zivilisten, zwei kleine Kinder, wurde es für einen Moment still – abgesehen von der Schießerei – und dann stieg vorsichtig, seinen Abstieg mit einer angelegten MP sichernd, ein amerikanischer Soldat die Treppe herab und nahm uns in Augenschein, indem er uns mit einer starken Lampe anleuchtete. Beruhigt polterte er wieder nach oben. Ich kann mich nicht daran erinnern, während dieser Zeit im Keller, die mindestens drei Tage gedauert haben muss, etwas gegessen oder getrunken zu haben oder auf die Toilette gegangen zu sein. Die Erinnerung daran ist ganz ausgelöscht!

Tageslicht

Als wir endlich hörten, dass die Panzer schwiegen, wagten wir uns vorsichtig nach oben und sahen endlich wieder Tageslicht. Am Straßenrand standen die Panzer dicht an dicht, auf ihnen amerikanische Soldaten, auch einige Schwarze, vermutlich ähnlich erschöpft wie wir. Die neben dem Haus liegenden beiden Garagen wurden beschlagnahmt und zur Feldküche umfunktioniert. Von da an zogen Schwaden köstlicher Gerüche durch unser Haus.
Obwohl keine Verbrüderung erlaubt war, versuchten die Soldaten uns Kindern hin und wieder etwas zuzustecken. Doch unsere Mütter erlaubten das nicht. Einige hatten Angst, dass die Soldaten ihren Kindern etwas antun würden, wie die Deutschen es ihnen vorher angekündigt hatten, oder sie waren der Meinung meiner Mutter, dass das plötzliche, viel zu gute Essen uns nicht bekommen würde. Immerhin machte ich damals doch Bekanntschaft mit der ersten Schokolade und dem ersten Kaugummi, das ich hinunterschluckte.

Hilfreicher Akzent

Die englischen Sprachkenntnisse meiner Mutter und vor allem ihr amerikanischer Akzent erleichterten uns in den folgenden Wochen das Leben ungemein. Sie wurde sofort gefragt, woher sie mit diesem Akzent spräche. Ihr Bericht von ihrem Aufenthalt in den USA glättete so manches Misstrauen. Wir lebten so noch etwa 14 Tage, tagsüber in unserer Gartenlaube. An die sehr freundlichen, aber distanzierten Besatzer haben wir uns sehr schnell gewöhnt. Uns Kindern waren sie zugetan, wir hingen wie die Kletten an ihnen und wuselten um sie herum, wenn sie Freizeit hatten.

Gesprengte Brücken

Eines Tages hieß es, wir könnten in unsere Wohnung zurückkehren, es gäbe eine Fährverbindung über die Weser. Die Brücken waren gesprengt worden und lagen zusammengebrochen mitten im Strom. Ein süßlicher Geruch von verbranntem Getreide lag über der Stadt, da mit der Sprengung auch die beiden Mühlen ausgebrannt waren. Militärpolizeiposten in weißen Gamaschen, Helmen und Gürteln kontrollierten alle, die das kleine Motorboot, das als Fähre diente, benutzen wollten. Später wurde in die Ruine der Weserbrücke ein Steg hineingebaut, hinunter zu den Trümmern, um die großen Brocken herum, wieder hinauf, über die Schleusenmauer und die Schleusentore bis zum anderen Ufer.

Ein Schwall von Verwünschungen

Als wir in unsere Straße einfuhren, stand diese voller Jeeps. Vor unserem Haus befand sich eine Wache, die uns nicht hineinlassen wollte. Sie sagten meiner Mutter, dass dieses Haus beschlagnahmt sei für die Leitung eines Filmteams. Es war kurz vor der Ausgangssperre. Wir waren alle müde und hungrig. Meine Mutter brach in Tränen aus und weigerte sich schlichtweg, die Beschlagnahmung zur Kenntnis zu nehmen. Sie verlangte, den vorgesetzten Offizier zu sprechen, der nach einer Weile auch gerufen wurde. Meine Mutter, in ihrer Verzweiflung, muss ihn mit einem Schwall von Verwünschungen überschüttet haben! Sie wechselten danach ein paar ruhigere Sätze und dann hatte sie erreicht, dass der Offizier unser Untermieter wurde, seine Ordonanz in der Wohnung unter uns einquartiert wurde und der Fahrer bei der Familie im Parterre blieb.

Eier und Speck

Die nächsten Tage waren wunderbar! Meine Mutter schlief mit uns Kindern im Schlafzimmer, der Colonel im Wohnzimmer auf der Couch. Unsere Speisekammer füllte sich mit Eierstiegen, Speckseiten, Kanistern mit Orangen- und Grapefruitsaft, Butter, Wurst, Käse und weißem Brot. Und es duftete nach echtem Kaffee!

Ein Rest von Stolz

Der Colonel bekam zum Frühstück mehrere Spiegeleier auf Speck, die seine Ordonanz auf unserer „Küchenhexe“

zubereitete, da der Gasherd nicht zu benutzen war. Auch die Ordonanz und der Fahrer versorgten sich in unserer Küche. Meine Mutter wurde ermuntert, für sich und uns von den Vorräten zu nehmen. Außer Orangensaft bekamen wir aber nichts von all den Köstlichkeiten. Sie befürchtete, das ungewohnte reichhaltige Essen würde uns, so unterernährt wie wir waren, umbringen. Vielleicht war es auch ein Rest von Stolz. Sie kochte uns weiter Haferbrei mit Spelzen, der mit Sirup gesüßt war und organisierte nasses, aufgequollenes Getreide aus den versenkten Bockschiffen an den Mühlen. Es wurde auf Zeitungspapier auf dem Dachboden zum Trocknen ausgeschüttet und zog die Ratten an, die ich abends im Bett über mir herumspringen hörte.

Fotos auf dem Fußboden
Das Filmteam gehörte zu einer Einheit, die benachrichtigt wurde, wenn irgendwo ein Konzentrationslager oder eine Außenstelle davon entdeckt worden war. Sie machte dann Aufnahmen, die in den amerikanischen Wochenschauen gezeigt wurden und die die Titelseiten großer amerikanischer Zeitschriften „schmückten“. Diese lagen in der folgenden Zeit in unserem Wohnzimmer auf dem Fußboden ausgelegt, zusammen mit den Originalfotos. Ich sah das alles und meine Mutter erklärte mir, was dort geschehen war, ohne mich vor dem Anblick zu bewahren. Es hat keine traumatischen Folgen für mich gehabt.

„Uncle Gus“ aus Amerika im Jahr 1955: Aus dem vermeintlichen Feind wurde ein Freund der Familie.

Lange Gespräche

Der Colonel wohnte ein paar Tage bei uns, verschwand für eine Weile und kehrte wieder zurück. Meine Schwester und ich nannten ihn nach einer Weile „Uncle Gus“, und ich konnte es kaum erwarten, bis er wieder zurückkehrte. In unserer Wohnung behandelte er meine Mutter ganz normal. Außerhalb des Hauses war er distanziert, wie es damals von den Besatzungstruppen verlangt wurde. Wie sie mir später berichtete, hatten sie lange Gespräche über die politische Situation der vergangenen Jahre und unsere Familiensituation.

Viele Jahre Kontakt

Meinen Vater, der schon Anfang Oktober aus der Gefangenschaft zurückkam, lernte er nicht mehr kennen. Einige Wochen vorher war seine Mission in unserer Gegend beendet. Nach seiner Entlassung aus dem Militär einige Monate darauf schrieb er uns aus seiner Heimatstadt Cincinnati/Ohio. Wir hatten noch viele Jahre zu ihm Kontakt. Er besuchte uns, als er als Reserveoffizier noch einmal in der Nähe unserer Stadt zu tun hatte. Bei dieser Gelegenheit lernte er auch meinen Vater kennen. Als meine Schwester später zum Schulaustausch ein Jahr lang in den USA war, lud er sie ein, einige Tage bei ihm und seiner Frau zu bleiben. Als er starb, war ich sehr traurig, obwohl ich schon erwachsen und verheiratet war!

Ursula Japtok ist gerade mal acht Jahre alt, als die Front durch ihre Heimatstadt Hameln dröhnt. In den Tagen des Umbruchs quartiert sich ein amerikanischer Colonel in das Haus ihrer Eltern ein – eine Freundschaft entsteht.

Günther Lechte

Das letzte Gefecht

Hannover, April 1945
In der Karwoche 1945 sollten wir als Infanteristen (Landser) von Bergen nach Lingen marschieren. Wegen der Tiefflieger-Angriffe konnten und sollten wir aber nur nachts marschieren. Jede Nacht 30 bis 40 Kilometer mit Gepäck und Gewehr, das ging ganz schön auf die Knochen. Auch von Hameln kam eine Einheit, in der sich der mit mir gut befreundete Wolfgang Nusche befand. Wir trafen uns zwischen Sulingen und Diepholz und marschierten ein Stück gemeinsam.

„Der Krieg ist für mich zu Ende."
Unser Einsatz begann dann am Ostersonntag bei Ibbenbüren, wo wir mit unserem Karabiner 98 K gegen englische Panzer, die oben vom Berg herunterkamen, auf verlorenem Posten standen. Hier sind viele meiner Kameraden gefallen oder verwundet worden, denn von 200 Mann kamen gerade mal 20 Mann mit unserem Inspektions-Chef aus diesem „letzten Gefecht" heraus, wobei ich als Melder einer der „Glücklichen" war. Wir wurden dann auf der Flucht nach Nordwesten bis ins Stemmer oder Neustädter Moor getrieben, wo unser Offizier dann sagte: „Der Krieg ist für mich zu Ende, geht in Gefangenschaft oder schlagt euch nach Hause durch." Mit zwei Kameraden beschloss ich Letzteres. Wir warfen unsere Gewehre weg und besorgten uns von Bauern alte Klamotten, versteckten uns tagsüber in Heuschobern oder Viehställen und marschierten nachts Richtung Heimat.

„Volltreffer"
Über Stadthagen, wo ein Kunde meines Vaters wohnte, kam ich dann Anfang Mai über die Leine nach Hannover-Linden. Hier bestand Ausgangssperre und, da wir in der Albertstraße 21 wohnten, bin ich nicht die Limmerstraße, sondern

die Elisenstraße runter, von Haus zu Haus gesprungen. An der Ecke Albertstraße bekam ich einen großen Schrecken, denn ich sah unten einen riesigen Trümmerhaufen auf der Straße liegen, aber es war Gott sei Dank nicht unser Haus, sondern das Nachbarhaus, das durch einen „Volltreffer" dem Erdboden gleich gemacht worden war.

„Ich bin dein Sohn Günther!"

Ich schlich mich dann durch den Torweg unseres Hauses Nr. 21 und sah, wie mein Vater und Fritz Bormann auf unserem Hof Holz hackten. Mein Vater kam mit der Axt auf mich zu, hatte mich nicht erkannt und hielt mich wohl für einen der vielen ausländischen Plünderer. Ich rief ihm zu: „Vater, ich bin dein Sohn Günther!" Ja, und dann lagen wir uns in den Armen. So war „mein Kriegsende".

Günther Lechte als Oberhelfer vor der elterlichen Haustür im Sommer 1944.

Günther Lechte steht mit seiner Infanteristen-Einheit gegen englische Panzer auf verlorenem Posten. Nach seinem „letzten Gefecht" schlägt sich Günther Lechte mit einem Kameraden bis in seine Heimatstadt Hannover durch – in der Ungewissheit, ob das Elternhaus noch steht.

Luise Wirz

Das rettende Dokument

Uelzen, April 1945

Vier Wochen vor Kriegsende war ich ein 12-jähriges Mädchen. Wir, das heißt meine Mutter, mein Großvater und insgesamt fünf Geschwister wohnten an der Haupt-Bahnstrecke Hannover-Hamburg in einem sehr einsamen Haus. Die Alliierten setzten jeden Tag „Tannenbäume", das sind Phosphorabwürfe zur Markierung für die nachfolgenden Bomber, die natürlich diese wichtige Bahnstrecke im Visier hatten. Es war schlimm!

Auf dem Rückzug

Die Deutschen waren auf dem Rückzug. Da unser Haus so einsam lag, fanden sich bei uns immer wieder SS-Offiziere und andere deutsche Soldaten ein, die versuchten, sich abzusetzen. Auch Hitler-Getreue waren dabei. Meine Mutter gab allen zu essen, von dem, was wir hatten. Nebenbei

Das einsame Haus an der Bahnstrecke Hannover-Hamburg: Hier lebte Luise Wirz mit ihrer Familie.

bemerkt waren mein fünf Jahre älterer Bruder Heinrich und ich für die Essensbesorgung zuständig, das heißt, wir suchten Bauernhöfe und Läden auf und baten um Essbares, oder wir suchten im Wald nach Beeren und Pilzen.

Abgeschossen

Als wir eines Tages nach Hause kamen, standen auf unserem Hof zwei amerikanische Offiziere. Es waren Piloten, die über Celle abgeschossen und aus der Maschine gesprungen waren. Sie hatten sich durch die Wälder geschlagen, bis sie jetzt rund 60 Kilometer entfernt von der Absturzstelle unser Haus sahen und sich hier trauten, um Hilfe zu bitten.

Amerikaner und Deutsche unter einem Dach

Wir nahmen die beiden, Hubert und Darwin, auf, wie alle anderen Menschen vor ihnen auch. Aber unserer Mutter war klar, dass wir sie, da sie Amerikaner waren, verstecken mussten – zu ihrem und auch unserem Schutze. Jetzt sah das Ganze so aus: Auf dem Boden oben hielten wir Hubert

Der Großvater, die Mutter und die fünf Geschwister auf dem Grundstück, das sowohl deutschen als auch amerikanischen Soldaten Zuflucht bot.

„Die Engländer kommen": Luise Wirz ist gerade zwölf Jahre alt, als der Krieg zu Ende geht.

und Darwin, die beiden Amerikaner, versteckt. Unten im Haus hielten sich verschieden viele, manchmal bis zu 30 deutsche Soldaten und SS-ler auf – und das über mehrere Wochen.

„Die Engländer kommen!"

Dann, nach vier Wochen sah ich plötzlich Panzer die Straße herunterkommen. Ich rannte zu Hubert und Darwin und rief ihnen zu: „Die Engländer kommen!". Gleichzeitig war ja aber unser Haus auch voller deutscher Wehrmacht. Als ich mit Hubert und Darwin die Treppe herunterkam und mit ihnen auf den Hof lief, war kein einziger Mensch mehr zu sehen. Alle Deutschen hatten sich in unseren Schuppen und Ställen versteckt, um der Gefangenschaft zu entgehen.

Drohende Gefangenschaft

Hubert und Darwin rannten zu den Panzern, dann unterhielten sie sich mit der Besatzung und ich konnte verstehen, wie sie den Engländern erzählten, dass sie von uns ver-

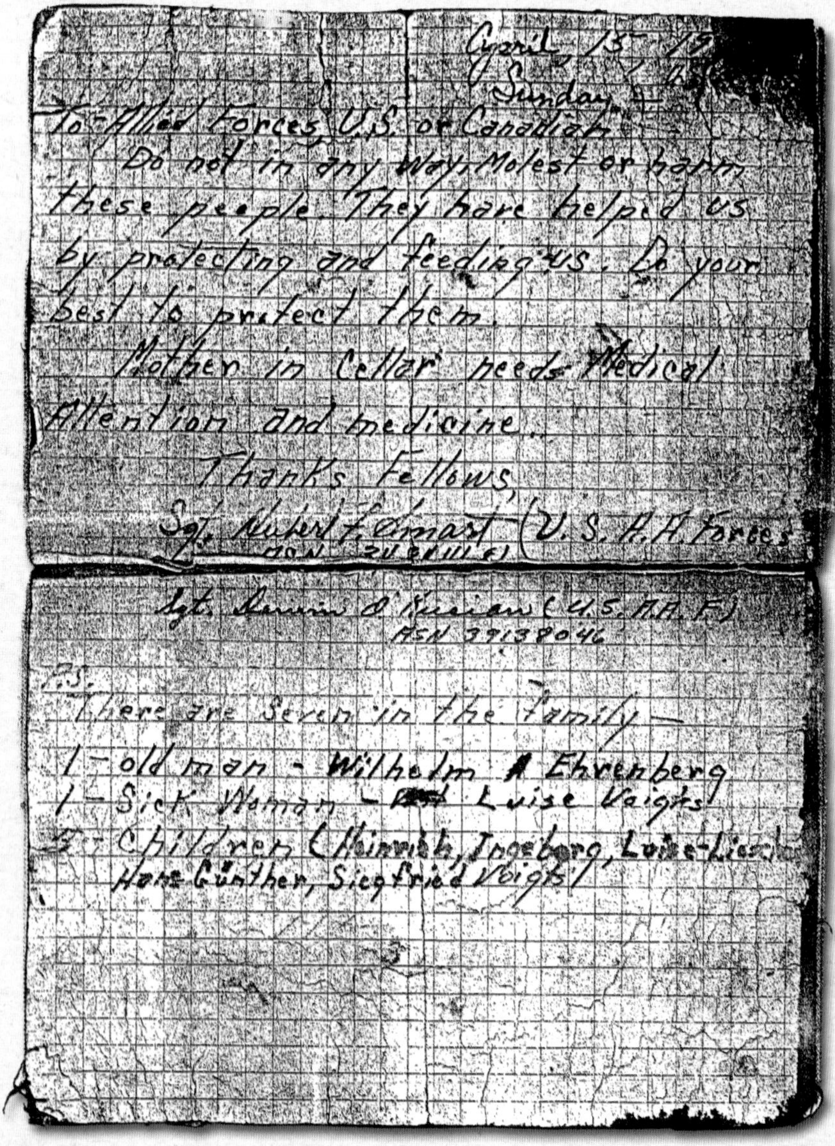
April 15 19[illegible]
Sunday

To Allied Forces U.S. or Canadian

Do not in any way, Molest or harm these people. They have helped us by protecting and feeding us. Do your best to protect them.

Mother in Cellar needs Medical Attention and medicine.

Thanks Fellows,

Sgt. [illegible] (U.S. A.A. Forces
[illegible]

Sgt. [illegible] (U.S. A.A.F.)
ASN 39138046

P.S.
There are Seven in the Family —
1 - old man - Wilhelm Ehrenberg
1 - Sick Woman - Luise Voigts
5 - Children (Heinrich, Ingeborg, Luise-Lies, Hans Günther, Siegfried Voigts)

Mit dem handschriftlichen Dokument der amerikanischen Offiziere wurde die Familie Wirz unter den Schutz der Alliierten gestellt.

steckt worden waren. Die Deutschen sahen, dass sie keine Chance mehr hatten und kamen langsam alle aus ihren Verstecken hervor – in der Gewissheit, jetzt in Gefangenschaft zu müssen. Aber sie erhielten alle einen regulären Entlassungsschein von den Engländern und konnten gehen.

Überleben gesichert

Wir aber erhielten von unseren beiden Amerikanern das beigelegte Dokument, das uns ein Überleben sicherte. Die Engländer halfen und unterstützten uns in der bitteren Zeit kurz nach dem Kriege, in der unsere ganze Familie auch noch von Diphtherie heimgesucht wurde. So erlebte ich das Kriegsende!

Luise Wirz wohnt mit ihrer Mutter und vier Geschwistern in einem einsamen Haus an der Bahnstrecke von Hannover nach Hamburg. In dem abgelegenen Haus beherbergt die Familie heimlich sowohl amerikanische als auch deutsche Soldaten – und das über mehrere Wochen.

Günther Saathoff

Der Himmel färbte sich rot

Remels, April 1945
In fast jeder Nacht gab es Flugalarm. Meine Mutter holte mich, damals sechs Jahre, und meine beiden Geschwister, fünf und sieben Jahre, jedes Mal aus dem Bett, um uns von der ersten Etage ins Erdgeschoss zu bringen, damit wir bei einem möglichen Bombentreffer das Haus schnell hätten verlassen können.

Sehr prägende Erinnerungen habe ich auch an die ständigen Tieffliegerangriffe. Die Tiefflieger flogen so dicht über die Häuser unseres Ortes hinweg, dass man sie nicht kommen sehen konnte. Plötzlich war ein Flugzeug da und schoss auf alles, was sich bewegte. Einmal fuhr ich mit meiner Mutter auf dem Fahrrad und eines dieser Flugzeuge war da. Wir sprangen vom Rad ab und krochen unter eine Dornenhecke. Dort blieben wir ganz still liegen. Wir hatten Glück, die Flugzeugbesatzung hatte uns nicht gesehen.

Der sechsjährige Günther Saathoff mit seiner Mutter und den beiden Geschwistern.

Die rote Feuerbrunst

Schaurig und unheimlich waren die Bombardierungen der Städte Wilhelmshaven und Emden. Obwohl ich in dem Ort Remels lebte und diese Städte 50 Kilometer Luftlinie entfernt waren, färbte sich der Himmel rot von der Feuersbrunst. Da man als Kind keine Vorstellungen von räumlichen Entfernungen hat, dachte ich, dies würde sich direkt vor unserem Haus abspielen und als nächster Ort würde dann auch Remels brennen.

In den letzten Apriltagen hatte meine Mutter (mein Vater war als Soldat eingezogen worden und galt zum damaligen Zeitpunkt als vermisst) gemeinsam mit den Nachbarsfrauen und einigen nicht von der Wehrmacht eingezogenen Männern zwei „Bunker" gegraben, einen direkt neben unserem Grundstück, einen zweiten am Ortsrand von Remels.

Auf der Straße vor unserem Haus hatte die deutsche Wehrmacht zwei Geschütze aufgebaut, die von 16-jährigen Soldaten bewacht wurden. Neben der Wehrmacht waren auch Fahrzeuge des Roten Kreuzes vor Ort. Diese standen auf dem Sportplatz.

03. Mai 1945

Der 03. Mai 1945 war dann für mich ein Tag, den ich nie vergessen werde. Am Morgen des Tages hörten wir aus westlicher Richtung schon von weitem die Fahrgeräusche der Panzer der heranrückenden englischen Front. Es klang wie Donnerhall.
Um die Front aufzuhalten, hatten einige im Ort verbliebene Männer zwar Panzersperren errichtet und die Soldaten der Deutschen Wehrmacht einige Brücken gesprengt, aber die Front kam trotzdem auf Umwegen Remels immer näher.

Als sie direkt vor dem Ort stand, packte meine Mutter einen Handwagen mit den nötigsten Sachen und so gingen wir am Vormittag, wie die anderen Einwohner des Dorfes auch, zum Ortsrand von Remels, wo sich unser zweiter Bunker befand. Zunächst spielten wir Kinder noch draußen vor dem Bunker. Doch plötzlich fuhren alle Fahrzeuge des Roten Kreuzes vom Sportplatz. Dies bedeutete, wie ich später erfuhr, dass die Soldaten der Deutschen Wehrmacht sich zurückzogen, die Wagen des Roten Kreuzes begleiteten sie auf ihrem Rückzug. Wir waren den heranrückenden Alliierten also ausgeliefert.

Im Kugelhagel

Unser Bunker lag unter Bäumen, die Blätter rauschten und es klang so, als ob es regnete. Dies tat es aber nicht. Erst als ein Mann, der sich auch noch nicht im Bunker befand, mit seiner durchschossenen Aktentasche vor uns Kindern stand, wurde uns klar, in welcher Gefahr wir uns befanden: Das Rauschen der Bäume war in Wirklichkeit der Kugelhagel, der durch das Blätterdach rauschte.

Lagebericht von „Oma Plümer"

Jetzt mussten wir schnell in den Bunker. Unsere Mutter rief uns hektisch herbei. Im Bunker herrschte eine stille, angespannte Atmosphäre. Alle hatten Angst, das war deutlich zu spüren.
Auf einmal kam noch jemand in den Bunker. Es war „Oma Plümer". Sie gab einen „Lagebericht": Die englischen Soldaten in den Panzern, so die Oma, hätten ihr zugewunken. Da dachten wir erst, dass alles gut werden würde, doch dann hörten wir, wie draußen weiter geschossen wurde.

Gegen Abend gingen wir vorsichtig aus dem Bunker, und wir sahen, wie achtzehn Häuser in Remels brannten. Im Schutze der Dunkelheit fuhren wir mit dem Handwagen zu unserem Haus. Ein großer Panzer hielt neben uns und ein Soldat, der etwas deutsch sprach, sagte: „Mutter, schnell, schnell nach Hause."
Die deutschen Soldaten hinter den Geschützen vor unserem Haus hatten versucht, die Panzerfront aufzuhalten, dies hatte jedoch nichts genützt. Im Gegenteil, einer der 16-jährigen Soldaten war tödlich getroffen worden.

„Ich bete an die Macht der Liebe"

Auch unser Haus war von vielen Kugeln getroffen worden, aber es hatte nicht gebrannt.
Das Nachbarhaus hingegen hatte Feuer gefangen. Es gab Tote und Verwundete auf beiden Seiten, noch heute gibt es

auf dem Friedhof in Remels Gräber englischer Soldaten polnischer Abstammung. An diesem Tag fuhren einige hundert Panzer durch Remels. Die Straße zum Nachbarort war unpassierbar, da die Panzer die Straße kaputtgefahren hatten. Alle Häuser unseres Ortes waren von Panzern umstellt.

Da unser Haus vom Kommandeur der Besatzung besetzt war, wohnten wir bei unseren Nachbarn. Meine Mutter ging einmal am Tag zu unserem Haus, um die Haustiere zu füttern. Sie nahm immer mich oder einen meiner beiden Geschwister mit an der Hand. Auch wenn wir kleine Kinder waren, meine Mutter fühlte einen gewissen Schutz…

Auf dieser Orgel spielte die Mutter von Günther Saathoff „Ich bete an die Macht der Liebe“.

An diesem Tag war ich bei ihr und die Soldaten warteten auf uns. Wir sollten ins Haus kommen. Dies war ungewöhnlich. Ich bekam Panik. Jetzt, so dachte ich, ist alles aus. Die werden uns erschießen, aber es kam anders.
Ein Soldat sprach etwas deutsch und sagte: „Du Frau hier wohnen, spiel' uns etwas auf der Orgel (Harmonium)."
Meine Mutter spielte das Kirchenlied „Ich bete an die Macht der Liebe…". Da standen plötzlich alle auf, einige Soldaten bekreuzigten sich, andere hatten Tränen in den Augen.
Dann verbeugten sich alle vor meiner Mutter und gaben ihr die Hand.

Diesen Augenblick werde ich nie vergessen. Zwischen den Soldaten und uns war plötzlich eine Verbundenheit da, die ich auch heute noch nicht mit Worten umschreiben kann.

Günther Saathoff erlebt sein Kriegsende in Remels – einem kleinen Ort zwischen Wilhelmshaven und Emden. Kaum eine Nacht vergeht ohne Fliegeralarm, kaum ein Tag ohne Angst vor den herannahenden englischen Soldaten. Doch am Ende erlebt er ein Gefühl der Verbundenheit zwischen seiner Familie und den „Feinden", das unbeschreiblich ist.

Elisabeth Reifert

„Wir haben genug Elend gesehen"

Göttingen, 01. April 1945

Am 01. April 1945 hatten wir schon fünf Jahre und sieben Monate Krieg und schwere Bombenangriffe auf die Großstädte. Nun sah es so aus, dass dieser Krieg für Deutschland in einem Chaos enden sollte.

Kanonendonner

An den beiden Osterfesttagen, am 01. und 02. April 1945, hörten wir bei einem Spaziergang über die Wälle den ersten Kanonendonner, der von Kassel herüberdröhnte. Wir waren in einer eigenartigen Stimmung, teils freute man sich, dass jetzt ein Ende des Krieges abzusehen war, teils hatte man Angst vor dem, was noch kommen würde.

Gerüchteküche

Die Woche ging dahin mit Fliegeralarm – aber auch ohne vorherigen Alarm brausten die feindlichen Flugzeuge über uns hinweg. Die Frontlinie war schon so nahe an Göttingen, dass es gar nicht zum Alarmgeben kam. Wilde Gerüchte wurden hinter vorgehaltener Hand weitergegeben: „Göttingen soll verteidigt werden." – „Göttingen wird kampflos übergeben." Luftschutzkommandos, bestehend aus älteren Bürgern und jungen Frauen, die den Telefondienst übernehmen mussten, saßen in ihren „Kommandostellen" wie Schulen oder Gasthäusern und harrten der Dinge, die da kommen sollten.

07. April 1945

Am Samstagabend, dem 07. April, gegen 20.00 Uhr, fielen wieder Bomben. Nachdem es wieder ruhig geworden war (ob Entwarnung gegeben wurde, weiß ich nicht mehr), bereiteten wir uns für die Nacht vor. Lebensmittel hatten wir schon Tage vorher im Keller deponiert. Geld, die nötigen Lebensmittelkarten und für jeden ein warmes Kleidungsstück wurden bereit gelegt. Inzwischen hörte man wieder Detonationen aus Richtung Bahnhof. Gegen 22.00 Uhr läutete unsere Haustürglocke Sturm. Auf der Straße stand unser Ortsgruppenleiter und befahl: „Alle Frauen und Kinder fertig machen zum Abmarsch in den Hainberg!“ Unsere Familie hat aber das Haus nicht verlassen. Wir erinnerten uns an die Warnung unseres Vaters aus dem Ersten Weltkrieg und meines Bruders aus dem Zweiten Weltkrieg: „Wenn der Feind kommt, verlasst nicht das Haus, geht nicht freiwillig auf die Straße und auf die Flucht. Wir haben genug Elend gesehen!“

Feindalarm

Meine Schwester war verheiratet und wohnte in Bruchsal, wo sie ausgebombt worden war. Sie kam mit ihren drei Kindern ins Elternhaus zurück, ihr Mann war Soldat. Die Kinder, die schon geschlafen hatten, wurden wieder angezogen und in ihrer Kleidung ins Bett gelegt. Wir Erwachsenen, meine Mutter, ihre Schwester, meine Schwester und ich, saßen im Wohnzimmer und wachten die Nacht durch. Allmählich ließen die Detonationen nach, so dass man bis zum frühen Morgen noch ein Nickerchen machen konnte. Sonntagmorgen, dem 08. April 1945, war alles ruhig, fast zu ruhig. Gegen 11.00 Uhr wurde dann Feindalarm gegeben (fünf Minuten Heulton). Noch ehe wir im Keller waren, hörte man in der Nähe Geschützdonner und da flog auch schon ein Granatsplitter durch unser Flurfenster.

Lastkraftwagen mit Soldaten

Schon gegen 12.00 Uhr verstummten die Geschütze und man hörte schwere Kraftwagen fahren. Wir wagten uns an die Haustür und sahen durch die Scheiben Lastkraftwagen mit amerikanischen Soldaten. Nach und nach kamen die Menschen aus den Häusern und sahen sich die fremden Soldaten an. Die Einnahme von Göttingen verlief also ganz kampflos, nichts von „Verteidigung bis auf den letzten Mann“.

... auch nur Menschen

Gegen 15.00 Uhr fuhr ich mit meinem Fahrrad zu unserem Lebensmittelhändler, um auf unsere Lebensmittelkarten noch etwas zu erstehen. Auf der Herzberger Landstraße fuhren Lastwagen mit „Amis“ vor mir her. Sie winkten mir zu und waren gut gelaunt, ich winkte zurück, mir fiel ein Stein vom Herzen – ... es waren auch nur Menschen.

Plündern

Auf der Geismarlandstraße begegneten mir viele Menschen, die in den Kasernen geplündert hatten. Viele hatten so viel Beute gemacht, dass sie sich kaum von der Stelle bewegen konnten. Später hörten wir, dass schon viele Menschen am Morgen auf dem Güterbahnhof, der übrigens von Deutschen gesprengt worden war, geplündert hatten. Einige wollten nach dem Feindalarm noch nach Hause laufen und sind dann durch Granatsplitter ums Leben gekommen.

Schwere Taschen voll Lebensmittel

In unserem Lebensmittelgeschäft konnte ich die Karten leer kaufen und fuhr unbehelligt mit schweren Taschen heim. Nach der durchwachten Nacht gingen wir zeitig schlafen. Licht gab es ohnehin nicht, wir konnten auch kein Radio hören. Außerdem waren in der Stadt Anschläge ausgehängt, dass wir ab 17.00 Uhr nicht mehr auf die Straße durften. Nachts hörten wir Flugzeuge über uns hinweg fliegen. Somit war der Krieg für uns zu Ende.

August 1945

Wir hatten nur noch eine große Sorge: Was war aus meinem Bruder geworden? Er hatte den ganzen Frankreich- und Russlandfeldzug mitgemacht, die letzte Post bekamen wir zu Weihnachten 1944 aus der Eifel, wo sie sich von Charkow aus abgesetzt hatten. Wir hörten nichts mehr. War er noch am Leben? Wo mochte er sein? Ende August stand gegen Abend ein arg verhungerter Soldat vor unserer Schaufensterscheibe. Es war mein Bruder! Die Freude auf beiden Seiten war groß, als ich ihn in die Arme schließen konnte.

Elisabeth Reifert ist zwölf Jahre alt, als amerikanische Soldaten Göttingen einnehmen. Die Familie hat nun nur noch eine Sorge: Was ist aus Elisabeths Bruder geworden? Hat er den Frankreich- und Russlandfeldzug überlebt?

Walter Eisermann

Der unverdächtige Zivilist

Hamburg, 03. April 1945

Weil meine Genesung nach einer schweren Kriegsverletzung gute Fortschritte machte, wurde ich am 03. April 1945 „zum Arbeitsversuch“ nach Hamburg beurlaubt. Auf dem Marschbefehl war zu lesen, dass meine Entlassung aus der Wehrmacht voraussichtlich in Kürze erfolgen würde.
Meine Eltern hatten im Juli 1943 totalen Bombenschaden erlitten; sie wohnten jetzt in einem Behelfsheim in der Nähe des Bahnhofs Berliner Tor. Bei ihnen quartierte ich mich vorerst ein.

Ausgangssperre

Am 02. Mai 1945 war Hamburg zur freien Stadt erklärt worden, und für den 03. Mai galt ab 13.00 Uhr eine Ausgangssperre, um den Einmarsch der britischen Truppen abzusichern. Für mich schien jetzt der Krieg endgültig zu Ende zu sein, obwohl ich die Möglichkeit einer Kriegsgefangenschaft nicht ausschließen konnte.

Versteck im Kleiderschrank

Am späten Nachmittag beobachtete ich aus dem Fenster unserer Wohnung, wie englische Soldaten in Kampfformation und mit Maschinenpistolen in den Händen langsam auf der Straße vordrangen und sich in die Nähe des Behelfsheimes begaben. Als einer von ihnen an der Haustür pochte, versteckte mich meine Mutter im eingebauten Kleiderschrank des Schlafzimmers. Der Soldat fragte in gebrochenem Deutsch, ob sich hier ein deutscher Soldat aufhalte. Als die Mutter dies verneinte, zog er ohne weitere Nachforschung von dannen.
Zur selben Zeit stürmten die Displaced Persons, die ausländischen Zwangsarbeiter, aus ihrem hinter unserem Haus gelegenen Lager und plünderten in einer Schule die dort gelagerten Vorräte.

06. Mai 1945

Wenige Tage später, am 06. Mai, es war ein Sonntag, verkündete die Militärregierung über den Rundfunk, dass sich sämtliche deutschen Soldaten auf dem HSV-Sportplatz am Rothenbaum einzufinden hätten. Mein Vater gab mir den Rat, in Zivilkleidung dorthin zu gehen, was ich dann auch tat. Er begleitete mich bis zum Sportplatz, auf dem sich schon einige tausend Wehrmachtsangehörige versammelt hatten.

Kriegsversehrte Soldaten aussortiert

Während der langen Wartezeit sah ich, wie einige Engländer den Deutschen Wertsachen abnahmen, vor allem Armbanduhren, sie beschimpften und in einzelnen Fällen mit der Maschinenpistole gegen den Rücken stießen. In meiner Umgebung hatte man sehr bald bemerkt, dass ich über Kenntnisse der englischen Sprache verfügte und man bat mich um Interventionen bei einem britischen Offizier. Ich fand einen Major; ihn machte ich auf die Übergriffe seiner Leute und die extrem schwierige Situation unserer Kriegsopfer in meiner Nähe aufmerksam. Daraufhin sonderte er alle kriegsversehrten Soldaten aus der Menge aus und ließ sie mit einem Lastwagen in eine Kaserne im Stadtteil Wandsbek bringen.

Nichts als Kleidung

Nun saß ich als Internierter in einem britischen Gefangenenlager und fühlte mich sehr unglücklich. Wie ich hier einen möglicherweise langen Aufenthalt überstehen sollte, konnte ich nicht voraus sehen. Ich hatte außer der Zivilkleidung nichts bei mir, was ich für das tägliche Leben benötigte, beispielsweise ein Essgeschirr und einen Schlafsack. Diese Dinge wurden den Gefangenen nicht zur Verfügung gestellt. Die meisten der Kameraden hatten jedoch das Notwendigste vorsorglich mitgebracht.

Stunde der Wahrheit

Gleich am ersten Tage führte man uns in den Kinosaal, um uns einen besonderen Film zu zeigen. Es handelte sich um eine Dokumentation über die Befreiung des Konzentrationslagers Bergen-Belsen in der Lüneburger Heide. Mit Entsetzen sah ich Massen von unbekleideten Leichen, die von Bulldozern zu Bergen aufgeschichtet wurden. Es waren Bilder des Grauens, wie ich sie nie zuvor gesehen hatte und wohl auch nicht für realistisch gehalten hätte. Am Wahrheitsgehalt des Films zweifelte ich nicht; für mich hatte die Stunde der Wahrheit geschlagen, aber nicht so für etliche Soldaten aller Ränge um mich herum, vom Gefreiten bis zum Hauptmann. Sie meinten, dies sei alles nur Feindpropaganda.

„Zum Arbeitsversuch" beurlaubt – Walter Eisermann 1945 unmittelbar vor Kriegsende

Missglückte Fluchtversuche

Schockiert und verstört verließ ich die Vorstellung. Draußen auf der Straße der Kaserne gingen die Landser mit zum „deutschen Gruß" erhobenen Arm an den Offizieren vorbei. Hier konnte und wollte ich nicht länger bleiben. Einigen anderen Kameraden ging es genauso. Wir beschlossen, die Flucht aus dem Camp zu wagen. Leider missglückten alle Versuche, das die Kaserne eingrenzende Gitter zu übersteigen; es war viel zu hoch.

Mut der Verzweiflung

An den Rest dieses Tages und die folgende Nacht denke ich nur ungern zurück. Mangels eines Essgeschirrs konnte ich die warme Abendmahlzeit nicht fassen, und die Nacht verbrachte ich liegend auf dem harten Fußboden eines großen Saales. Mit dem Mut der Verzweiflung begab ich mich am nächsten Morgen zum Kasernentor, wo zwei der Gefangenen die Hereinkommenden und Hinausgehenden kontrollierten. Freundlich grüßend, als unverdächtiger Zivilist getarnt, verließ ich das Gelände.

Frei und doch illegal

Nun durfte ich mich wieder als freier Mensch fühlen, jedoch hatte der Auszug aus dem Internierungslager auch seinen

In diesem Behelfsheim versteckte sich Walter Eisermann beim Einmarsch der Engländer am 03.Mai 1945

Preis, denn bis zur endgültigen Entlassung aus der Wehrmacht im September des Jahres galt ich für die Besatzungsmacht als Illegaler – als entflohener Kriegsgefangener.

Walter Eisermann kommt nach einer Kriegsverletzung nach Hamburg und wird von den englischen Soldaten gefangen genommen. Als Zivilist getarnt, gelingt ihm die Flucht aus dem Gefangenenlager.

Werner Siedentopf

Am Treffpunkt der Werwölfe

Östrum, 05. April 1945

Am 05. April 1945, also zwei Tage vor dem Einmarsch der Amerikaner in Hildesheim, hatten die deutschen Behörden die Bewachung von den Lebensmittel-Depots abgezogen. Wie ein Lauffeuer verbreitete sich die Kunde, dass nun auch Bekleidung und andere Gebrauchsgüter aus den Außenlagern geplündert wurden. In den Lagerräumen vom Salzdetfurther Moorbad gab es große Bestände an Spirituosen, Rauchwaren und Schokolade. Auch ich hörte davon, also rauf aufs Fahrrad und nichts wie hin! Doch hier war der Teufel los, jeder schleppte an Beute raus, was er tragen konnte. Ich hatte meine HJ-Skihose an, die unten an den Beinen zugeknöpft war. Da diese Hosenbeine wie bei Pluderhosen sehr weit waren, passte hier auch eine Unmenge Beutegut hinein. Ich hatte die Hosenbeine so voll gestopft, dass ich kaum noch Rad fahren konnte, um wieder nach Östrum zu kommen.

Überall Plünderung

Auf dem Salzdetfurther Bahnhof hatte man einen Waggon aufgebrochen, der mit Verbandsmaterial und anderen Sanitätsartikeln beladen war. Auf einem Bauernhof in Hackenstedt sah ich auf einem Treckeranhänger Einwohner zwischen Hunderten von Schnürstiefeln wühlen, um ein passendes Paar Stiefel zu ergattern. Als die Lagerhallen der Hildesheimer Malzfabrik geplündert wurden, kam ich dort mit meinem Fahrrad leider zu spät an. Es waren nur noch Restbestände mit Gemüsedosen und Marmeladengläser vorhanden. Vieles davon lag zerschlagen und zertreten auf dem Betonfußboden.

Wie im wilden Westen

Meine Tante Wilhelmine aus Marienburg erzählte mir dazu folgende Geschichte: Tante Mine, wie wir sie anredeten, hatte ihren Mann schon in den ersten Kriegsjahren verloren. Sie war Landarbeiterin in Marienburg und sogar als beste Landarbeiterin ausgezeichnet worden. Weil sie als gute und fleißige Landarbeiterin auch gute Beziehungen zu den Gutsherren hatte, durfte sie sich mit ihrer Nachbarin und deren Ehemann ein Pferdegespann ausleihen. Sie wollten von der Malzfabrik Beutegut nach Marienburg schaffen. Die drei hatten das Fuhrwerk schon fast voll beladen, als ihnen das komplette Gespann in einem unbewachten Augenblick gestohlen wurde. Den leeren Wagen und das Pferdegespann hat man später in der Siedlung der Marienburger Höhe wieder gefunden. Ja, das waren Zeiten wie im wilden Westen.

Wie verhalten sich die Feinde?
Nach diesen Beutezügen wurde es dann noch einmal verhalten still. Wir stellten uns die bange Frage: Wie werden sich die Feinde uns gegenüber nach der Besetzung unseres Landes verhalten? Die bisherige NS-Parteiführung hatte die Zukunft von Deutschland nach einem verlorenen Krieg immer nur in den düstersten Farben geschildert. Unsere Angst war deshalb nicht unbegründet.

Wenige Stunden
Die Panzerspitzen waren nicht mehr weit von uns entfernt. Einen Tag oder vielleicht auch nur wenige Stunden und der Feind würde Hildesheim erreicht haben. An einen Widerstand mit eventuellen Kampfhandlungen war in diesem Raum wohl nicht zu rechnen.

Parole: „Harz verteidigen!"
In diesen letzten Stunden vor der Besetzung des Hildesheimer Raumes durch die alliierten Truppen traf ich mit „Buffi König" zusammen. Wir kannten uns schon seit vielen Jahren durch das Jungvolk, aber er war einige Jahre älter als ich. Als Fähnrich mit einigen Orden für Tapferkeit ausgezeichnet, war er für mich bewundernswert. In der Hildesheimer Hauptstelle der Hitlerjugend hatte er die Parole ausgegeben: „Wir wollen als Werwölfe den Harz verteidigen!" Alle kampfwilligen Jugendlichen sollten sich zu einer bestimmten Zeit an einem Treffpunkt zur Abfahrt in den Harz einfinden.

Kein Held mehr
Dass ich diesen Zeitpunkt verpasst habe, lag daran, dass ich mich zuvor noch von den Freundinnen Waltraud und Ursel

verabschieden wollte. Die beiden bewohnten mit ihren Eltern eine Notunterkunft in Wettbergen an der B 6. Als ich dann zu der verabredeten Zeit an der Kreuzung Ottbergen/B 6 auf die Kameraden wartete, um mit ihnen in den Harz zu fahren, kamen mir aus Richtung Hildesheim unerwartet amerikanische Panzer entgegen. Ich, immer noch in meiner HJ-Uniform mit allen Dienstrangabzeichen und der Hakenkreuzarmbinde, wollte nun plötzlich doch kein Held mehr werden. Mit ein paar Sätzen war ich im Unterholz des Waldes verschwunden. Quer durch den Wald und größere Waldwege meidend, schlug ich mich erst mal bis zum Schloss Derneburg durch.

Große Aufregung
Das Schloss war zum Teil als Lazarett eingerichtet und einige der verwundeten Landser standen draußen auf der Straße. Die Aufregung war groß und alle wollten wissen, wie die augenblickliche Lage zu beurteilen sei. Keiner wollte in Gefangenschaft gehen, aber das Risiko einer Fahnenflucht war auch zu bedenken.

„Risiko vermeiden“
Plötzlich stand ein Soldat neben mir. Es war Karl Bierschwale. Wir kannten uns, denn er wohnte mit seinen Eltern im selben Haus wie meine Großeltern. Karl war von seiner Verwun-

Der Krieg ist vorbei – das Haus der Familie Siedentopf liegt in Schutt und Asche.

dung wieder genesen und meinte, dass es nun an der Zeit sei, abzuhauen. „Wir treffen uns in Östrum wieder, gehen aber getrennt, um jedes Risiko zu vermeiden“, war sein Ratschlag.

Unbehelligt zur Sippe

Am späten Abend, es war bereits stockfinster, traf ich auf die ersten Häuser von Bodenburg. Aus den Fenstern hingen weiße Tücher und Bettlaken als Zeichen dafür, dass kein Widerstand in Bodenburg zu erwarten sei. Erleichtert atmete ich auf, als ich erfuhr, dass die Panzerverbände sich über Nacht noch einmal zurückgezogen hätten. So kam ich unbehelligt kurze Zeit später bei unserer Sippe in Östrum an.

09. April 1945

Die Panzerspitze hatte bereits am Vorabend Östrum durchfahren, sich jedoch dann wieder zurückgezogen. Jetzt, am 09. April 1945, rollte Panzer um Panzer dröhnend, aus Richtung Salzdetfurth kommend, durch Östrum. Oben auf den Panzern saßen lachende Amerikaner, unter ihnen waren auch viele farbige Amis. Den Panzern folgten jede Menge Jeeps und LKWs. In den Lukenöffnungen der LKW-Fahrerkabinen waren Maschinengewehrstände eingebaut. Ein Aufatmen war zu verspüren, wir konnten es kaum fassen, dass nun für uns Frieden sein sollte. Das Bild vom bösen Feind hatte sich nicht bestätigt. Es mag hier und da mal Unstimmigkeiten und auch böses Blut gegeben haben, aber das war sicherlich die Ausnahme.

Kinderlachen

Was mir in den ersten Tagen noch angenehm auffiel, war ihre Kinderfreundlichkeit. Mit mancher Tafel Schokolade oder einem Kaugummi hatten sie den Kindern ein Lachen entlockt.

„Im Konvoi des Feindes“

Am folgenden Tag rollten immer wieder motorisierte Einheiten durch Östrum und wir folgten dem Geschehen auf der Straße ohne Angst und Schrecken. Doch plötzlich, wir standen vor dem Hause und sahen den vorbeirollenden Kolonnen zu, fuhr ein Radfahrer aus diesem Konvoi zielstrebig auf uns zu. Es war mein Vater im Zivilanzug.

Nach dem Krieg beginnt alles von vorn: Die ganze Familie Siedentopf packt an.

Er strahlte vor Freude, uns nun endlich wieder gefunden zu haben. Auf die Frage, warum er nicht auf Nebenstrecken und Schleichwegen versucht hätte, zu uns zu kommen, sagte dieses Schlitzohr: „Auf den Nebenstrecken war es mir viel zu gefährlich, im Konvoi des Feindes ist man immer am besten aufgehoben."

Inmitten der Amis

Als seine Einheit kampflos in Minden von den Amis überrollt worden war, tauchte er erst mal in einem Wohnhaus unter. Eine Frau, deren Mann auch Soldat, aber noch nicht wieder zu Hause war, versorgte ihn mit Zivilzeug und einem Fahrrad. Wie ein Ritter ohne Furcht und Tadel radelte er dann munter inmitten der Amis von Minden nach Östrum.

Werner Siedentopf erlebt Plünderungen „wie im wilden Westen" kurz vor dem Einmarsch der Amerikaner. Als Mitglied der Hitlerjugend will er den Harz verteidigen, sieht von fern aber schon die amerikanischen Truppen anrollen. Er versucht, unbeschadet nach Hause zu kommen.

Kurt Behrensdorf

Nach Hause durch die Front

Lehrte, 09. April 1945

Nach meiner Entlassung Ende März 1945 von der schweren Flakbatterie, wo ich in der Nähe meines Heimatortes mit meinen Klassenkameraden als Luftwaffenhelfer Dienst machen musste, verbrachte ich die nächsten Tage bei Fliegeralarm und Bombenabwürfen zu Haus.

Am Montag, den 09. April gab es etwas Besonderes. Ich fuhr mit Bekannten mit dem Fahrrad nach Ummeln. Es war an dem Morgen ziemlich kalt, darum hatte ich den luftwaffengrauen Mantel angezogen, den ich bei meiner Entlassung von der Flakbatterie mitnehmen durfte. Jeder von uns hatte einen Sack mit, um die aus einer stillgelegten Ziegelei „organisierten" Sachen einpacken zu können. Bald hatte ich einige Flaschen Cognac, Tischdecken, Geschirrtücher und andere Dinge eingesackt, als man Kanonenschüsse hörte und aus dem Nebel mehrere Panzer auftauchen sah.

„I like it"

Plötzlich sprang ein amerikanischer Soldat von einem Panzer herab, griff mich am Arm befahl mir, auf den Panzer zu klettern. Mein Fahrrad und mein Sack mit den „erbeuteten" Sachen blieben natürlich zurück. Der Panzer hielt auf der Landstrasse bei einem Jeep und ich musste herabsteigen und ein Offizier durchsuchte mich. Meine Uhr nahm er an sich und sagte „I like it", mein Schlüsselbund warf er in den Graben. Anschließend musste ich in einen offenen Schützenpanzer steigen in dem bereits vier deutsche Soldaten saßen. Wir hatten die Hände hinter den Kopf zu legen und vor uns saß ein amerikanischer Soldat mit angelegter Maschinenpistole.
Auf den Feldern ringsherum standen mindestens 100 Panzer und Lastwagen der amerikanischen Truppen.

Kurt Behrensdorf (2. v. r.) mit seinen Kameraden von der schweren Flakbatterie.

„Ich bin kein Soldat!"

Nach längerer Zeit kam ein Lastwagen mit vielen deutschen Soldaten und wir mussten mit aufsteigen. Dann ging es mit rasender Geschwindigkeit weg und der Fahrer fuhr ohne Rücksicht auf die vielen Menschen auf der Ladefläche durch die Kurven, so dass die Gefahr bestand, dass die Seitenbretter abrissen und die Gefangenen herabstürzen. Die nächste Station war der Saal einer Gastwirtschaft in der Nähe von Hildesheim. Wieder wurde jeder durchsucht und seiner letzten Gegenstände beraubt. Nach weiteren Stunden wurden die Lastwagen wieder mit den Gefangenen beladen und es ging weiter. Das Ziel war Elze und auf dem Schulhof musste alles absteigen. Ein gut deutsch sprechender amerikanischer Offizier befahl einem deutschen Offizier, alle Gefangenen in zwei Reihen mit einem Abstand von zwei Metern antreten zu lassen. Der amerikanische Offizier ging die Reihen entlang und ließ die Offiziere heraustreten, dann befragte er die Zivilisten, warum sie mitgenommen worden wären. Sie antworteten unter anderem „Ortsgruppenleiter"

65

Verleihungsurkunde

Im Namen des Oberbefehlshabers der Luftwaffe
verleihe ich dem

Lw.-Oberhelfer
Kurt Behrensdorf
geb.12.6.28
3./s.Flakabt. 801

das
Kampfabzeichen der Flakartillerie

Hamburg, 3. Februar 1945

Luftgaukommando XI
83

Kommandierender General und
Befehlshaber im Luftgau XI

General der Flieger

Auszeichnung kurz vor dem Ende: Das Kampfabzeichen der Flakartillerie.

(der NSDAP) oder anderer Parteiorganisationen. Sie mussten ebenfalls heraustreten und sich zu den Offizieren stellen. Ich stand ziemlich am Ende der ersten Reihe und wurde wegen meines Luftwaffenmantels überflogen. Ich meldete mich und sagte: „Ich bin kein Soldat“, und zeigte mein unter dem Mantel befindliches Zivilzeug. Der Offizier sagte: „Bitte Ihren Ausweis“. Da ich nur den Ausweis des „HJ-Veranstaltungsring“ bei mir hatte, wurde ich nach meinem Alter gefragt, weil im Ausweis kein Geburtstag eingetragen war. Als ich „16 Jahre“ sagte, fragte er mich, warum ich nicht beim Arbeitsdienst oder bei der Wehrmacht war. Ich log und gab an, dass ich freigestellt war, weil erst die Schule mit dem Abitur beendet werden sollte. Die nächste Frage war, warum ich einen Wehrnachtsmantel trage und ich log wieder und gab zur Antwort, dass es morgens sehr kalt gewesen war und mir ein Soldat den Mantel geschenkt habe. Nach kurzem Überlegen ließ mich der Offizier zu den Zivilisten heraustreten.

Einzeln zum Verhör

Die Offiziere und wir Zivilisten wurden in ein Klassenzimmer im Obergeschoss der Schule gebracht. Wir Zivilisten wurden einzeln zum Verhör auf den Flur herausgerufen. Mich verhorte ein sehr gut deutsch sprechender Offizier. Das Verhör lief etwa wie folgt ab: „Wo sind Sie gefangen genommen worden und warum?“ „In Ummeln, weil ich einen Wehrmachtsmantel anhatte.“ „Wohnen Sie dort?“ „Nein, ich wohne in Lehrte.“ „Wo liegt das und was haben Sie in Ummeln gemacht?“ „Lehrte liegt östlich von Hannover und ich habe mit anderen Leuten in Ummeln lange entbehrte Sachen aus einer stillgelegten Ziegelei geholt.“ „Waren das Sachen der deutschen Wehrmacht?“ „Nein, zivile Gegenstände, wie Textilien und Cognac.“ „Wenn Sie kein Soldat sind, woher haben Sie dann den Luftwaffenmantel?“ „Es war morgens sehr kalt und den Mantel hat mir ein Soldat geschenkt.“ Dann musste ich wieder in den Raum zurück.

Kekse als Löffel

Wir fragten den deutschen Feuerwerker, der nach seinen Angaben bereits seit ein paar Tagen den Amerikanern bei einer Munitionsanstalt helfen musste, ob es kein Essen

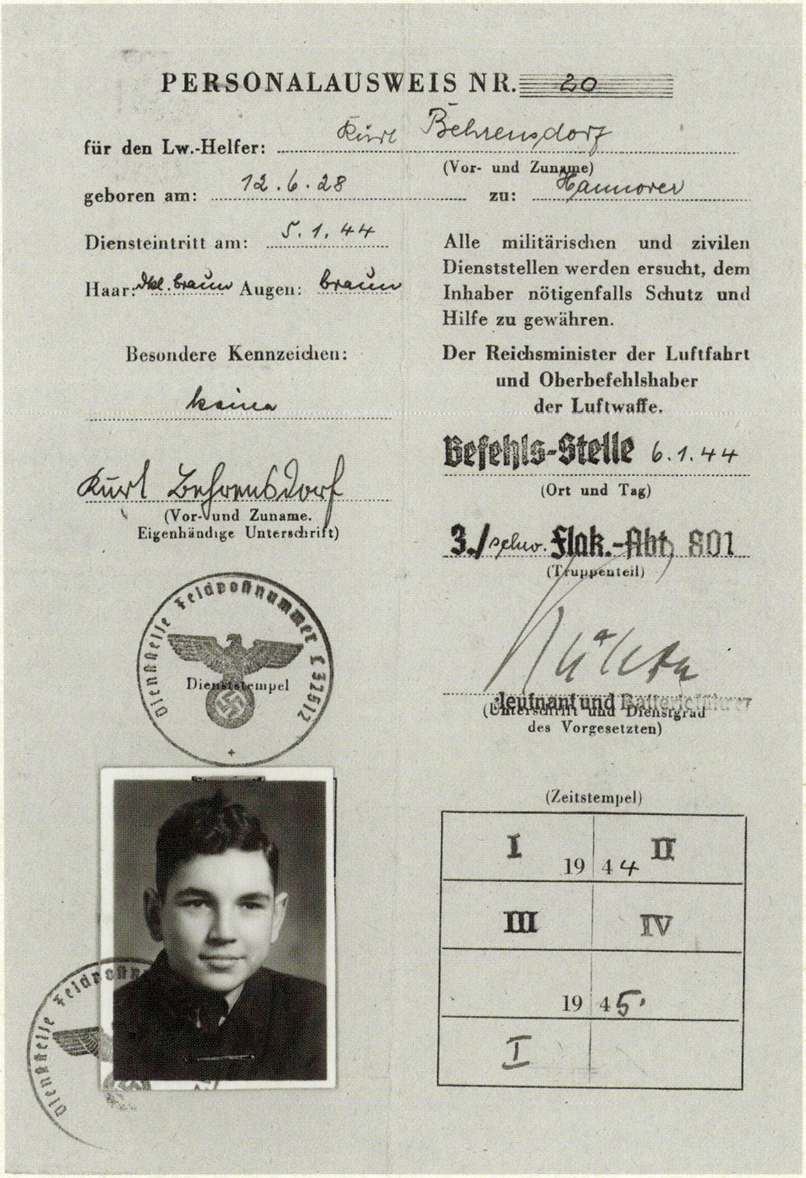

PERSONALAUSWEIS NR. 20

für den Lw.-Helfer: Kurt Behrensdorf
(Vor- und Zuname)

geboren am: 12.6.28 zu: Hannover

Diensteintritt am: 5.1.44

Haar: dkl. braun Augen: braun

Besondere Kennzeichen:

keine

Kurt Behrensdorf
(Vor- und Zuname.
Eigenhändige Unterschrift)

Dienststelle Feldpostnummer L 32512
Dienststempel

Alle militärischen und zivilen Dienststellen werden ersucht, dem Inhaber nötigenfalls Schutz und Hilfe zu gewähren.

Der Reichsminister der Luftfahrt
und Oberbefehlshaber
der Luftwaffe.

Befehls-Stelle 6.1.44
(Ort und Tag)

3./schw. Flak.-Abt. 801
(Truppenteil)

Leutnant und [illegible]
(Unterschrift und Dienstgrad
des Vorgesetzten)

(Zeitstempel)

I	II
1944	
III	IV
1945	

Der Personalausweis des 16-jährigen Luftwaffenhelfers Kurt Behrensdorf.

gibt – wir hatten seit dem Morgen nichts gegessen. Da er den Koch kannte, wollte er sich um Essen für uns bemühen. Als er zurückkam, brachte ein amerikanischer Soldat einen Karton mit einigen Konservendosen, bedeutete uns aber, dass er nicht mehr abgeben könne. In den meisten Dosen befanden sich mehrere runde Kekse, Kaugummi und zwei Zigaretten, in anderen Corned Beef oder rote Bohnen, die wir mit den Keksen als Löffel aßen.

„Sind Sie heute auch kein Soldat?“

Am nächsten Morgen musste ich den Flur und die Treppe fegen. Dann kam das nächste Verhör und die erste Frage war: „Sind Sie heute auch kein Soldat?“ Dann wurden dieselben Fragen wie am Vortag gestellt und ich gab dieselben Antworten. Dann sagte er plötzlich: „Sie können gehen, aber den Mantel lassen Sie hier, sonst sehe ich Sie nach ein paar Stunden wieder.“ Ich ging zur Kommandantur im Rathaus und fragte nach einem Passierschein, aber der Posten sagte: „Kommandant nix da“, also machte ich mich so auf den Weg. Auf der Landstraße machten sich die Fahrer der amerikanischen Lastwagen einen Spaß daraus, dicht an mich heranzufahren, so dass ich mich hinter den Bäumen oder im Straßengraben in Sicherheit bringen musste. Nach einiger Zeit war ich in Burgstemmen und musste nach links in Richtung Rössing weiter, denn nach meiner Meinung musste Lehrte im Nordosten liegen. Ich wanderte weiter über die Dörfer nach Sarstedt. In einer Nebenstraße sahen Bewohner aus dem Fenster und ich fragte, ob ich etwas Wasser zum Trinken bekommen könnte. Außer ein paar Kekse vom Vortag hatte ich nichts gegessen. Sie riefen mich ins Haus, gaben mir zu trinken und ein Brot und sagten mir, dass die amerikanischen Panzer weiter nach Hannover gefahren sind. Nach dem Sonnenstand und bei ziemlicher Hitze ging es weiter in Richtung Nordosten auf Feldwegen und ich kam nach Oesselse. Man nahm mich mit auf einen Bauerhof, lud mich zum Essen ein und die Brote mit Schmalz und die Milch waren in der Zeit etwas ganz Besonderes.

Ausschlafen

Dann fragte ich nach dem Weg in Richtung Bolzum und Sehnde und man zeigte mir einen Feldweg, der gegenüber dem Bauernhof begann und nach Müllingen führte. Die Richtung nach Lehrte musste richtig sein, denn ich erinnerte mich an die Ausflugsgaststätte „Müllinger Tivoli“, die in der Nähe von Sehnde liegen musste. Es wurde dunkel und wir saßen bei Kerzenlicht, weil das elektrische Licht ausgefallen war. Ich musste da bleiben und die Bauersfrau zeige mir ein Bett, selbst schliefen sie schon seit längerer Zeit im Keller. Sie sagte mir noch, dass ich ausschlafen könne und sie nur Frühstück hinstellen würde, weil sie früh aufs Feld müssten.

Nach Hause!
Ich wachte irgendwann auf, war allein im Haus und ging in die Küche. Dort stand mein Frühstück und ein eingewickeltes Brot für meinen weiteren Weg lag bereit. Dann brach ich auf und ging den Feldweg in Richtung Heimat. Unterwegs traf ich einen Mann und er sagte mir, dass er amerikanische Soldaten noch nicht gesehen hätte. Auf einem Feldweg überquerte ich den Mittellandkanal und ging hinter dem Ort auf den Bahngleisen m Richtung Lehrte weiter und dann zu unserem Haus und pfiff laut nach unserem kleinen Hund, der nicht mehr zu halten war.

An diesem Tag, dem 11. April 1945, wurde Lehrte von den Amerikanern besetzt, ich war also durch die Front nach Hause gekommen. Das war mein Kriegsende.

Kurt Behrensdorf gerät als 16-jähriger in die Arme der amerikanischen Soldaten. Durch sein Geschick erreicht er die Freilassung und macht sich auf den gefährlichen Heimweg in seinen Heimatort Lehrte.

Günter Stüber

„Hannoveraner! Der Feind steht vor den Toren!“

Hannover, 10. April 1945

Am Tag, als die amerikanischen Streitkräfte Hannover besetzten, ich glaube, es war der 10. April 1945, saßen wir, das heißt meine Mutter und mein Bruder, schon seit mehreren Tagen ununterbrochen auf den harten Holzbänken im Hochbunker „Am Listholze“. Da jede Nacht zum Teil mehrmals Fliegeralarm gegeben wurde, wagten wir vor allem nachts gar nicht mehr nach Hause in unsere Wohnung zu gehen! Wenn wir im letzten Kriegsjahr zu Hause schliefen, geschah dies nur in vollem Zeug, um bei Sirenengeheul sofort aufbruchbereit zu sein und mittels unserer Fahrräder auf dem schnellsten Weg zum Bunker zu kommen. Manchmal war dann am Himmel schon „die Hölle los“, mit Flakbeschuss und Bombenkrachen!

Links unten, nahe den Kellerfenstern erkennt man die Bezeichnung „LSR“: Hier ist ein Luftschutzraum.

Bunkermelder

Wir Kinder wurden damals auch schon in das Geschehen der Heimatfront einbezogen: Neben dem wöchentlichen Dienst bei den „Pimpfen“ – einer Vorstufe der Hitlerjugend, sind wir auch während der Bunkeraufenthalte zu Informationsdiensten für die im Bunker befindlichen Menschen eingesetzt worden. Die Luftlagemeldungen des Gaubefehlsstandes der Gauhauptstadt Hannover mussten wir an einem der zwei Rundfunkgeräte der Bunkeraufsicht abhören und in den einzelnen Räumen und Etagen ausrufen. Zur Kennzeichnung unserer Tätigkeit hatten wir eine Armbinde mit der Aufschrift „BM“ wie Bunkermelder, um uns als Kinder frei im Bunker bewegen zu dürfen.

„... wünscht ihnen alles Gute.“

Am Tag der Besetzung Hannovers, wir waren schon mehrere Tage nicht zu Hause, wurde uns aus dem Radio, im Anschluss an Durchhalteparolen des damaligen Gauleiters Lauteracher, der längst schon nicht mehr in Hannover weilte, folgende Nachricht übermittelt, deren Worte in etwa lauteten: „Hannoveraner! Der Feind, die alliierten amerikanischen Streitkräfte stehen vor den Toren der Gauhauptstadt oder haben sie schon zum Teil besetzt. Der Gaubefehlsstand stellt seine Sendungen hiermit ein, da Hannover gefallen ist und wünscht Ihnen alles Gute. Heil Hitler!“

„Der Krieg ist aus“

Es war 9.00 Uhr morgens, wir Bunkermelder verkündeten in unseren einzelnen Bezirken diese Meldung, die durch den Bunkerwart noch mit folgenden Worten untermauert wurde: „So Jungs, der Krieg ist aus, die Amerikaner stehen schon am Platz Vier-Grenzen. Verkündet das man den wartenden Leuten!“

Der schönste Tag im Leben

Im Flur der dritten Etage saß dicht gedrängt mit vielen anderen Schutzsuchenden eine junge Frau auf ihrem Koffer. Als sie meine Nachricht hörte, sprang sie auf, war außer sich und rief: „Das ist der schönste Tag in meinem

Leben!“, nahm mich in den Arm, schleuderte meinen unterernährten Körper dreimal im Kreis herum und verkündete: „Für diese Nachricht bekommst du etwas Schönes von mir“, klappte ihren Koffer auf und schenkte mir eine angebrochene Schokolade – zu dieser Zeit eine Köstlichkeit für mich! Wo sie die Schokolade aufgetrieben hatte, ist mir ein Rätsel.

Trotz Verbot

Die Menschen im Bunker brauchten erst einige Zeit, um die Nachricht vom Kriegsende zu verkraften. Was war nun zu tun? Da inzwischen einige Rentner die Lage an Vier-Grenzen erkundet hatten, einigte man sich, den Bunker zu verlassen. Die Frauen beschlossen „hintenrum“ auf Schleichwegen in ihre Wohnungen zu gehen. Wir Kinder dagegen waren von der Neugier gepackt und sind trotz Verbotes der Mutter zu Vier-Grenzen gelaufen, denn es interessierte uns sehr, wie amerikanische Soldaten und vor allem ihre Panzer aussahen. In Queraufstellung, auf dem Fußweg vor der Grenzburg standen sie nun, die Panzer! Dort habe ich dann auch zum ersten Mal in meinem Leben einen Schwarzen gesehen.

Heiß begehrte Leckereien

Eine Menge Kinder und auch die alten Männer standen im Halbkreis um dieses ungewohnte Panorama herum und bestaunten die Waffen und die Ausrüstung der „Amis“, die an ihren Fahrzeugen herumschraubten und klopften. Ein Soldat kam auf uns zu und verteilte Bonbons und Kaugummi unter den Kindern. Kaugummi war für uns damals etwas ganz Neues! Zunächst wollten wir seine Gaben gar nicht annehmen, denn in unseren Köpfen kreisten immer noch die Propagandagerüchte vom bösen Feind, der nicht davor zurückschrecken würde, vergiftete Lebensmittel aus Flugzeugen abzuwerfen, um das Deutsche Volk zu vergiften. Schnell konnten uns die dabeistehenden Rentner aber davon überzeugen, dass diese, von uns heiß begehrten Leckereien, völlig in Ordnung sind!

Gemüse ernten

Von diesem Zeitpunkt an zogen Tag und Nacht die amerikanischen Nachschubtruppen durch die Podbielskistraße Richtung Osten, über Lehrte, Braunschweig – gen Berlin. Für die Bevölkerung gab es wochenlang nach Kriegsende

Die Hebbelstraße in Hannover, die Heimat von Günter Stüber, nach einem Bobenangriff im Jahre 1944.

Ausgangssperren, zuerst rund um die Uhr, so dass die Kommunikation der Nachbarn untereinander nur über die Hofgrundstücke stattfand. Später lockerte sich das Verbot und tagsüber wurde einige Stunden Ausgang erlaubt. So konnten wir in unserem Schrebergarten hinter dem Kanal Gemüse ernten, um unseren andauernden, großen Hunger etwas zu befriedigen!

Günter Stüber aus Hannover informiert als Pimpf und Bunkermelder die Schutzsuchenden über den Stand der Dinge. Während außerhalb des Bunkers die Front rollt, erfährt er aus dem Rundfunkgerät, dass seine Heimatstadt soeben fällt. Voller Spannung macht er sich auf den Weg, um die amerikanischen Soldaten und ihre Panzer anzuschauen.

Josef Bollmann

Die Kriegsfront in Herbergen

12. April 1945

Als damals 14 – 15-jähriger Junge verfolgte ich jeden Tag die Bewegungen der Fronten über unser Radio, dem kleinen Volksempfänger. Dort erfuhr ich, dass die Invasionstruppen der Alliierten aus Richtung Löningen sich unserem Dorf Herbergen näherten. Wir ahnten am Morgen des 12. April 1945 noch nicht, was uns dieser Tag bringen würde. Es war, wie auch schon die Tage vorher, ein herrlicher Frühlingstag. Da wir einen landwirtschaftlichen Hof hatten, pflanzten wir am Tag zuvor schon Kartoffeln. Die Milchkühe kamen am Nachmittag auf die Weide.

Deutsche auf dem Rückzug

Unser Hof lag zwischen den Wegen Möhlendamm und Kuhdamm. Auf diesen Wegen waren am Morgen deutsche Soldaten auf dem Rückzug in Richtung Cloppenburg. Es waren aber auch deutsche Spähtrupps vor Ort, die sich auf unserem Weg zum Hof verschanzten. Mit Sträucher, in den Sand gesteckt aber auch an ihren Helmen, hockten die Soldaten in ihren „Einmannlöchern“. Ihre Fernrohre waren in Richtung Westen gerichtet. Wir konnten eine kurze Zeit mit ihnen sprechen. Sie hatten schon englische Spähtrupps gesehen und versicherten uns, dass es ein gefährlicher Tag werden würde. Dann wurde uns geraten: „Lasst die Kühe im Stall, denn sie werden auf der Weide umkommen. Schützt euch in einem Unterstand!“

Der Kartoffelkeller als Bunker

Auf unserem Hof hatten wir einen solchen Unterstand, den wir als Kartoffelkeller nutzten. Er war vier mal acht Meter groß und ausgemauert. Oben bedeckte ihn eine ein Meter dicke Erdschicht. Eine schwere Eichentür war der Eingang. Das war nun unser Bunker. Den ganzen Vormittag flogen

englische Bomberverbände über uns hinweg, verfolgt von deutschen Jagdfliegern.
Im Laufe des Vormittags kamen viele Freunde und Verwandte zu uns in der Annahme, bei uns könnte man im Bunker die Front besser überstehen. Aus Essen kam die Familie des Bäckermeisters Anton Menslage, Langestraße (heute Pütz). Mutter Johanna hatte zusammen mit ihren Töchtern Gisela und Marlies, damals 13 und 11 Jahre alt, das Nötigste zusammengepackt und auf einem neuen Bäckerfahrrad, das in unserem Haus abgestellt wurde, mitgebracht. Dann kamen aus Ahausen die Rump-Halenkamps, Mutter Berta mit ihren Töchtern Maria und Agnes. Vater Bernd war auf dem eigenen Hof geblieben. Auch Frau Charlotte Sachs mit ihrem fünfjährigen Sohn Manfred, sie stammten gebürtig aus Königsberg/Ostpreußen, wurden von dort vertrieben und wohnten nun bei uns, gingen mit uns in den Bunker. Aus unserer Nachbarschaft kamen am Spatvormittag von der Familie Oste Mutter Johanna mit ihren Kindern Theo, Ernst, Maria und Leni. Dann noch unsere Familie. Da waren meine Eltern und wir sechs Kinder, Josef, Elfriede, Maria, Alfons, Hedwig und Paula. Elisabeth war noch nicht geboren. Somit waren wir mit 23 Personen in unserem Bunker und unterhielten uns. Mein Vater kannte das Kriegsgeschehen. Er hatte den Ersten Weltkrieg mitgemacht und war auch im Zweiten Weltkrieg noch Soldat.

Dumpfe Schläge der Artillerie
Dröhnende Panzer und die dumpfen Schläge der Artillerie konnte man immer mehr hören. Nachdem wir zu Mittag gegessen hatten, waren wir Jungen wieder draußen auf dem Hof und liefen auf hohen Stelzen. Überall deutsche Soldaten auf den Wegen und hinter unserem Haus. Sie schossen dem „Tommy“ entgegen.

Es war die Hölle los
Es war gegen 15.00 Uhr. Urplötzlich war „die Hölle“ los. Panzergranaten schlugen rund um uns ein. Mein Vater holte uns Jungen schnell in den Bunker. Er überredete auch einen jungen deutschen Soldaten mit in den Bunker zu kommen. Seinen Karabiner versteckte Vater

zuvor im Stroh über den Kühen. Vater sagte zu ihm: „Wenn die Panzer da sind, bekommst du ein weißes Laken auf einen Besen und gehst der englischen Front entgegen." Nun fragte ich: „Wo ist denn eigentlich der Manfred?" Da es dem Jungen nicht gut ging, hatte ihn seine Mutter ins Bett gelegt. Daraufhin rannten wir los und holten den Jungen zu uns in den Bunker.

„Jetzt ist es Zeit!"

Wir hörten, wie Panzer und Infanterie von Hagel-Bunnen kommend massiv in unser Herbergen einrückte. Panzerkanonen und Maschinengewehre schossen ein Dauerfeuer von über 30 Minuten um uns herum. Wir alle zitterten im Bunker und beteten. Dann war es auf einmal etwas ruhiger. Mein Vater schaute vorsichtig nach und sagte: „Jetzt ist es Zeit! Alle heraus!" Der junge Soldat bekam das weiße Laken auf den Besen. Wir standen alle versteinert, mit erhobenen Armen, vor unserem Bunker. Somit hatten wir uns ergeben. Unser Haus, das Wohnhaus und das Wirtschaftsgebäude, das eine Länge von 28 Metern hatte, stand plötzlich von vorne bis hinten, mit Phosphor in Brand geschossen, in Flammen. Keiner konnte dort hin, um die Tiere aus ihren brennenden Ställen zu befreien. Um uns herum – nur noch Panzer. Englische, mit einem runden Zeichen; amerikanische, mit einem Stern gekennzeichnet. Die Panzer fuhren über Felder und Weiden, durch Zäune und durch ein, westlich von uns gelegenes Waldstück. Die hohen Tannen wälzten sie dabei wie Streichhölzer nieder.

„Wir kommen in die Wochenschau"

Während „unser" Soldat dem „Tommy" mit der weißen Fahne entgegenging, kamen zwei schwarze Soldaten zu uns herüber. Sie fragten: „Sind hier noch mehr deutsche Soldaten?" Wir verneinten dieses. Wir standen alle draußen vor dem Bunker und weinten heftig. Die beiden Soldaten nahmen ihre Maschinenpistolen, stellten sich in den Bunkereingang und gaben ein Trommelfeuer in den Bunker. Nach einer Weile sagte mein Vater: „Nehmt die Arme herunter, die fotografieren uns und wir kommen in Amerika in die Wochenschau."

Eine Stätte der Verwüstung

Meinten wir nun, die Kampfhandlungen wären damit beendet, so wurden wir schnell eines besseren belehrt. Wir sahen, wie sich die Panzerrohre plötzlich in Richtung Osterloh und Wille drehten. Dann ertönte ohrenbetäubender Lärm und wir sahen, wie eine Granate den Steingiebel auf dem Hof Osterloh zerfetzte. Schlimmer erging es unserem Nachbar Wille. Hier wurde das Hofgebäude mit Phosphorgranaten in Brand geschossen und in Sekundenschnelle stand der gesamte Hof in Flammen. Auch Nachbar Kessen-Albers wurde nicht verschont. Mit einem Maschinengewehr wurde der Schweinestall in Brand geschossen. Dies alles geschah in einer Zeitspanne von etwa 15 bis 20 Minuten. Danach setzten sich eine Unmenge Panzer in Bewegung, um unser Dorf Herbergen in Richtung Hemmelte und Cloppenburg, eine Stätte der Verwüstung, zu verlassen.

Ein Schutzengel

Eine von unseren Kühen hatte sich im Feuer losgerissen und lief, den ganzen Rücken verbrannt, zur Weide. Ich wagte mich nun, zusammen mit meinem Vater und Theo Ostermann zur Nordseite unseres, in Flammen stehenden Wohnhauses. Es gelang uns noch einige wichtige Papiere, zum Beispiel die Mutterrolle des Betriebes, herauszuholen. Nun liefen wir wieder zurück, hinter dem Steingiebel her, weil die Front zurück schoss. Dabei hatten wir einen guten Schutzengel. Gerade als wir den Giebel passiert hatten, stürzte dieser in sich zusammen. Granaten hatten wieder unser brennendes Haus getroffen. Ich warf mich in ein Erdloch und blieb dort so lange liegen, bis es etwas ruhiger wurde. Dann lief und sprang ich über einen Zaun zum Bunker hin. Mein Vater und Theo Ostermann waren auch heil angekommen. Sie hatten mich schon vermisst, waren nun froh, mich gesund zu sehen.

Herbergen war ein Ort der Verwüstung geworden. Unser Hof abgebrannt. Sieben Kühe, vier Rinder, zwei tragende Oldenburger Pferde, zwei Jungpferde sowie alle Schweine (Sauen mit Ferkel und Jungsauen) wurden ein Opfer der Flammen. Die stolzen Eichen, die unseren Hof säumten, waren total zerschossen. Es ragten nur noch die kahlen Baumstümpfe in den Himmel. Des Weiteren brannte der Heuermannbetrieb von Moormann, Herbergen. Hier wohnte die Familie Otto Wichmann und in Richtung Lastrup wurde das landwirtschaftliche Anwesen der Familie Bernard Rump ein Raub der Flammen.

Wir bleiben!
In dieser Situation des Kriegsgeschehens setzten bei der hochschwangeren Frau Angela Rump die Wehen ein. In einer Rübenmiete gebar sie ihre Tochter Lisa. War er eben noch unser Feind, so war er nun Helfer in der Not: Ein englischer Militärarzt half Mutter Rump bei der Entbindung. Zwei englische Kradmelder kamen zu meinem Vater und gaben ihm den Rat, für die nächste Nacht von hier wegzuziehen. Es sollte die ganze Nacht mit Panzerkanonen geschossen werden. Mein Vater ignorierte den Rat und beschloss: „Wir bleiben in dem Bunker!"

Milch und Brot
Wir blieben also zusammen und richteten uns für die Nacht ein. Die angebrannte Kuh wurde eingefangen und gemolken. Meine Mutter hatte am Morgen noch Brot gebacken und mit in den Bunker genommen. Auch wurde noch etwas Brot von Nachbar Oste geholt. So haben wir alle da gesessen und von unseren Vorräten gegessen. Von den anderen Herberger Bewohnern haben wir niemand gesehen. Wie sie später erzählten, haben sie sich alle irgendwo versteckt aufgehalten.

13. April 1945
Nun rollten, wie angekündigt, etwa 30 Panzer in Stellung, die dann die ganze Nacht über uns hinweg gefeuert haben. Es kam ein langer Feuerstrahl aus den Rohren und die Geschosse heulten über uns hinweg in Richtung Cloppenburg und Stapelfeld. Am anderen Morgen, es war der 13. April 1945, war dann endlich Ruhe. Die Front war vorüber.
In Ahausen und im Ort Essen war durch Kriegseinwirkung nichts zerstört worden. Zu verdanken ist es dem damaligen Bürgermeister August Alberding aus Osteressen. Er war den Panzern

mit einer weißen Fahne entgegengefahren und ist, auf einem Panzer sitzend mit den alliierten Truppen ohne Gegenwehr in den Ort Essen eingefahren.
Nachdem sich die Lage wieder beruhigt hatte, der Krieg war für uns Gott sei Dank vorbei, traten alle „Bunkerbewohner“ ihren Heimweg an. Es gingen dann Familie Rump-Halenkamp und Familie Menslage über Feldwege nach Ahausen und Essen zurück. Nur das neue Bäckerfahrrad blieb bei uns. Es war in unserem Haus mit verbrannt. Auch Familie Ostermann trat den Heimweg an.

Wir, die Kriegs- und Bunkerkinder

Manfred fand eine neue Bleibe bei der Familie Imholte. Wir selbst zogen dann, mit unserem bepackten Handwagen, Vater, Mutter und die sechs Kinder, die Jüngste drei Jahre alt, an dem brennenden Hof Wille vorbei zu Paul Rump in Herbergen, dem Geburtshaus meiner Mutter. Und so nennen wir uns bis zum heutigen Tag: Die Kriegs- und Bunkerkinder.

Josef Bollmann aus Herbergen muss als 15-jähriger erleben, wie zum Kriegsende der heimische Hof in Flammen geschossen wird. In einem als Bunker umfunktionierten Kartoffelkeller überlebt er mit seiner Familie den Einmarsch der englischen und amerikanischen Soldaten.

Frauke Stahlfeld

Den Flammen übergeben

Bockhorn, Mai 1945
Im Gegensatz zu meiner Familie, die hinter der Gardine am Fenster stand, war ich, als das Geratter der herannahenden Panzer auf der Klinkerstraße zu hören war, in den Garten gerannt. Das Grundstück war von einer zwei Meter hohen Mauer umgeben und wir Kinder stiegen gerne auf den Abfallhaufen hinter der Mauer, um die Straße gut zu übersehen. Von dort oben sah ich die Panzer – kanadische – aus Richtung Varel kommend, durch die menschenleere Straße rollen. Die Soldaten sahen, mit Maschinengewehren bewaffnet aus den Luken.

Rotes Kreuz
Da mein Vater, praktischer Arzt, 1943 gestorben war, führte ein anderer Arzt die Praxis. Er veranlasste meine Mutter und meine Großmutter (evakuiert aus Wilhelmshaven) schnell auf ein Bettlaken mit rotem Stoff ein rotes Kreuz zu nähen und es vor das Haus zu hängen. So blieb uns erspart, was den Nachbarn und etlichen anderen Bockhornern passierte: Da die Kanadier Unterkünfte brauchten, mussten die Besitzer ihre Häuser verlassen. So auch der Bäcker nebenan, der in die Backstube zog. Im ganzen Bäckerhaus stellten die Soldaten Etagenbetten auf, sogar im Schaufenster.

Kinderlieb
Für uns Kinder begann eine aufregende Zeit. Die Soldaten waren sehr kinderlieb. Den Geruch von Pfefferminz-Kaugummi (wir versuchten ihn herunter zu schlucken, da wir nicht wussten, was es war) und von Weißbrot habe ich noch heute in der Nase. Wir sammelten Zigarettenkippen und unser Großvater stopfte mit den Tabakkrümeln seine Pfeife.

Hitlerbild zerstört
Kurz vor dem Eintreffen der Kanadier nahm mein Großvater das Hitlerbild von der Wand. Ich sehe ihn noch vor dem Herdfeuer stehen, das Bild zerreißen und den Flammen übergeben.

Frauke Stahlfeld mit ihrem Bruder Henning vor dem Elternhaus – linker Hand beginnt die Mauer, an der die Panzer vorbei rollten.

Frauke Stahlfeld rennt mit sieben Jahren in den Garten, um die kanadischen Soldaten zu betrachten. Den Geruch von Kaugummi und Weißbrot hat sie noch heute in der Nase.

Hilde Laß

„Als ob es gestern wäre“

Cuxhaven, Mai 1945

Ich denke oft an die letzten Tage des Krieges. Seit April 1940 war ich Angestellte auf der Kommandantur in Cuxhaven. Die Stimmung bei Ende des Krieges war zwiespältig; die meisten – so auch ich – freuten sich unbändig auf den Frieden und das Ende der Nazi-Herrschaft, aber es gab auch einige wenige, die bis zum Schluss noch an den Sieg glaubten und auf Wunderwaffen hofften.

„Der Krieg ist aus!“

Anfang Mai 1945 trafen sich in unserem Büro bei meinem Mitarbeiter und mir oft Kollegen, um die Lage zu besprechen, meist mit einer „Lage“ Alkohol aus Zahnarztbeständen. So auch am letzten Tag auf der Kommandantur, als einer hereinstürmte und schrie: „Der Krieg ist aus! Ihr könnt nach

Die 25-jährige Hilde Laß auf der Kommandantur in Cuxhaven: „Der Krieg ist vorbei!“.

Urlaub vom Krieg: Hilde und Hans Laß am Strand – Zeit, endlich einmal die Ehe zu genießen.

Hause gehen!“ Man riet mir, eine große Landkarte, die auf Leinen geklebt war, mitzunehmen, weil ich mir doch Tennisshorts daraus nähen könnte, was auch geschah.

Leben, tanzen, lieben

Mein Mann war irgendwo in Italien. So war ich also ganz allein in der Wohnung. Ich war 25 Jahre jung als der Krieg vorbei war, also gerade 20 Jahre, als ich zur Kommandantur kam. Nun wollte ich endlich meine Ehe genießen, von der ich noch nicht viel gehabt hatte (außer im Urlaub). Ich wollte Kinder kriegen, leben, tanzen und lieben!

Nur noch ein Schatten

Es dauerte aber noch bis November 1945, bis mein Hans aus der Gefangenschaft kam. Er war 12 Jahre älter als ich und galt als großer, schöner, blonder Mann. Bei der Rückkehr

Hilde Laß mit ihrem Mann auf dem Tennisplatz – sie trägt die Shorts, die sie sich aus der mitgenommenen Landkarte nähte.

war er nur noch ein Schatten seiner selbst; bei den wenigen Lebensmitteln war es schwer, ihn aufzupäppeln.

Sonnenbad im Wohnzimmer

Zurück zum Tag, als ich das letzte Mal auf der Kommandantur war: Wagen mit Lautsprechern fuhren durch die Stadt. Per Durchsage wurde befohlen, dass man die Häuser nicht verlassen dürfe. Es war ein wunderschöner Tag und ich öffnete das Wohnzimmerfenster und tat das, was ich heute noch gerne tue: Ich sonnte mich!

Keine Verbrüderung

Nachmittags marschierten dann die Engländer ein. Ich musste mit ansehen, wie sie ein Haus mir schräg gegenüber beschlagnahmten. Ich sah, wie die Bewohner persönliche Dinge heraus trugen, in ein Nachbarhaus. Als ich Karin entdeckte, eine Enkelin des Besitzers, die ich erst seit kurzem kannte und mochte, hielt mich nichts mehr in meiner Wohnung. Ich ging trotz des Verbotes auf die Straße und fragte die Nachbarn, ob ich helfen könne. Es waren mehrere

Engländer in der Wohnung, die mich nur erstaunt anschauten. Ich sprach sie auf Englisch an, ob ich helfen dürfe, obwohl mir ein bisschen das Herz in die Hose sank. Ich fürchtete einen Rausschmiss; aber, siehe da, mein Charme siegte, sie lächelten mich an und wollten mit mir Englisch sprechen. Sie erlaubten mir, den Nachbarn zu helfen, obwohl „No-fraternisation“ (keine Verbrüderung) gefordert war. Morgens waren also noch deutsche und nachmittags englische Soldaten in meinem Umkreis.

Endlich Mutter

Der Sommer, der ein schöner war, ging zu Ende. Als im November mein Mann zurückkam, fing das Leben an, sich zu normalisieren. Mein Mann konnte in seine Firma zurückkehren und ich hoffte, endlich Mutter zu werden. Im Januar 1948 kam Ulrike und im Juni 1952 Susanne.

Tennis mit „Nachbarn“

Im Frühling 1946, als mein Mann und ich mit Tennissachen auf dem Rad zum Tennisplatz fuhren, wurde ich zu unserem „Nachbarn“, dem englischen Kommandeur gerufen. Er fragte mich sehr höflich, ob mein Mann mit ihm Tennis spielen würde. Wir waren erstaunt und froh, denn mein Hans bekam auch noch einen neuen Tennisschläger und -bälle geschenkt. So wurden aus Feinden Sportsfreunde! Wenn ich mich an diese Zeit erinnere, kommt es mir vor, als ob es gestern wäre!

Hilde Laß ist 25, als auf ihrer Arbeitsstelle die Nachricht eintrifft: „Der Krieg ist aus! Ihr könnt nach Hause gehen.“ Gesagt, getan: Eine Landkarte nimmt sie mit, um daraus Shorts zu nähen. Sehnsüchtig wartet sie auf ihren Mann und möchte endlich das lang ersehnte Familienleben auskosten.

Peter Kuhn

Licht durch die Fenster

Mönchengladbach-Rheydt, Herbst 1944
Britische und amerikanische Bomber und Tiefflieger flogen beinahe täglich sowohl am Tag als auch in der Nacht ihre Angriffe; die Nähe der Front war unüberhörbar; unser Haus wurde von einer Bombe getroffen. In dieser Situation entschloss sich unsere Mutter, mit meinem Bruder und mir bei einem Onkel Unterschlupf zu suchen, der in der Mark Brandenburg in der Nähe von Werder ein Gut besaß.

Weg von den Russen
Als dann im April 1945 die Sowjettruppen auf Berlin vorrückten, schlug sich unsere Mutter mit uns zu ihren Eltern nach Göttingen durch. Es galt die Devise: weg von den Russen, hin zu den Amerikanern! Mitte April kamen wir dann in Göttingen an, wenige Tage vor dem Einmarsch der amerikanischen Truppen.

Mai 1945
Ein deutsches Munitionsauto hatte uns von Seesen bis Göttingen mitgenommen und im Stadtzentrum abgesetzt. Hier war zunächst einmal mein Erstaunen groß: eine völlig unzerstörte Stadt! Das hatten wir lange nicht mehr gesehen! Bis zum Einmarsch der Amerikaner mussten wir bei meinen Großeltern in den Nächten noch einige Male bei Fliegeralarm im Keller des großen Mietshauses Schutz suchen. Einmal wurde der Göttinger Bahnhof bombardiert. Ansonsten blieb die Stadt verschont.

Frauen und Kinder in den Wald
Als der Einmarsch der amerikanischen Truppen kurz bevorstand, erging an alle Mütter mit Kindern der Befehl, sich am Abend zu versammeln. Sie müssten, da Göttingen verteidigt werden würde, im Wald Schutz suchen – Leute von der NSDAP würden sie dorthin führen. Meine Mutter und meine Tanten waren hin- und her gerissen, ob sie dem Befehl Folge leisten

sollten. Sie entschieden sich schließlich, es nicht zu tun. Dabei blieben sie auch, als wir am späten Abend hörten, dass viele Frauen mit ihren Kindern durch die Straßen zogen, um sich zum Sammelplatz zu begeben.

Die Amerikaner kommen
Am Mittag des darauf folgenden Tages – nach meiner Erinnerung war es ein Sonntag – rückten dann die amerikanischen Truppen mit ihren Panzern in Göttingen ein. Leute standen an den Straßen. Kämpfe fanden nicht statt.

Für uns ist der Krieg zu Ende!
In der Familie empfanden wir die Ereignisse des Tages als Erleichterung und Befreiung, weil bei der Eroberung von Göttingen keine Bombardierungen und Kämpfe mehr stattgefunden hatten. Vor allem hatten wir den Eindruck: Für uns ist der Krieg zu Ende! Das wurde uns in der folgenden Nacht besonders bewusst: Zum ersten Mal konnten wir wieder durchschlafen, ohne von Sirenen geweckt zu werden und die Bomberschwärme fürchten zu müssen. Schon aus diesem Grunde machte sich unter uns ein Gefühl der Befreiung breit. Wir hatten den Krieg überlebt und konnten aufatmen. Außerdem waren wir froh, dass wir unter die Herrschaft der Amerikaner und nicht der Sowjets geraten waren.

Kein Strom
Die Besatzungstruppen verhängten für die Abende und Nächte eine Ausgangssperre. Wir empfanden dies nicht als besonders lästig. Unangenehmer war es schon eher, dass es länger, nach meiner Erinnerung mehr als eine Woche, keinen elektrischen Strom gab. Aber auch das kannten wir ja schon als Folge von Bombenangriffen. Man wusste sich zu helfen. Außerdem war es die helle Jahreszeit.

„Für Deutschland gefallen“
Da es keinen Strom gab, konnte auch niemand Radio hören (batteriebetriebene Geräte gab es damals nicht). Dies hatte zur Folge, dass die Gerüchte blühten. Es wurde behauptet, Hitler sei tot und der Krieg zu Ende – was zu diesem Zeitpunkt leider noch nicht stimmte. Erst einige Zeit später, als

wir wieder elektrischen Strom hatten, konnten wir uns ein einigermaßen zutreffendes Bild von der Kriegslage machen. Am 01. Mai kam dann über den „Großdeutschen Rundfunk“ die Meldung, Adolf Hitler sei, „in seinem Befehlsstand in der Reichskanzlei, bis zum letzten Atemzug kämpfend, für Deutschland gefallen“. Bei dieser Nachricht wurde in unserer Familie laut gelacht. Man ahnte, dass uns hier noch einmal eine dreiste Lüge aufgetischt worden war.

Bange Fragen

Einige Tage später kam dann die Meldung von der bedingungslosen Kapitulation Deutschlands über den Rundfunk. Einerseits waren wir froh, dass der furchtbare Krieg zu Ende war, von dem auch ich wusste, dass er für Deutschland schon lange verloren war. Andererseits waren wir aber auch bedrückt. Wir – auch ich – hatten einmal in der allgemeinen Begeisterung und den Siegen in den ersten Kriegsjahren fest an den „Endsieg“ geglaubt; nun aber standen wir vor einer totalen Niederlage mit zahllosen Opfern und einer beispiellosen Verwüstung des Landes. Außerdem waren da, auch in der eigenen Familie, bange Fragen nach dem Schicksal nächster Angehöriger, von denen man schon lange kein Lebenszeichen mehr erhalten hatte. Was war aus ihnen geworden? Lebten Sie noch?

Keine Angst mehr

Für uns stellte sich nun auch die Frage, was die Sieger wohl mit uns Deutschen machen würden. Was für Zeiten gingen wir entgegen? Trotz allem habe ich das Kriegsende als Befreiung empfunden – allein schon deswegen, weil ich nun nicht mehr täglich um das nackte Leben fürchten musste und die dauernden Ängste endlich der Vergangenheit angehörten. Ich war aber auch schon alt genug, um zu merken, dass der Druck, der von dem nationalsozialistischen Regime ausging, von uns genommen war. Längst wusste ich, dass es gefährlich war, die eigene Meinung frei zu äußern (zum Beispiel, dass der Krieg verloren sei) oder politische Witze zu erzählen. Die Eltern hatten uns öfter ermahnt, vorsichtig mit unseren Reden zu sein. Vor allem durften wir nichts darüber verlauten lassen, dass in unserer Familie der englische Rundfunk abgehört wurde (darauf standen drakonische Strafen).

Neuer Zeitabschnitt

So hatte ich durchaus das Gefühl, dass nun auch für mich ein neuer Zeitabschnitt beginnen würde, obwohl die Zukunft in vieler Hinsicht im Dunkeln lag. Im Ganzen war ich ausgesprochen optimistisch. Bewegend war für mich auch der erste Gottesdienst nach dem Einmarsch der Amerikaner in der reformierten Kirche. Allerdings erinnere ich mich nicht mehr an alle Einzelheiten dieses Gottesdienstes.

Beunruhigende Gerüchte

Es kamen nun die ersten Tage und Wochen unter der amerikanischen Besatzung. Noch einmal ging ein Gerücht um, an das ich mich genau erinnere und das unter der Bevölkerung Beunruhigung hervorrief. Das Gerücht besagte, die Amerikaner würden Göttingen an die Sowjets übergeben. Es stellte sich bald als falsch heraus. Die Amerikaner übergaben Göttingen nicht an die Sowjets, sondern an die Engländer. Allerdings sprach sich bald auch herum, dass die Demarkationslinie zur russischen Zone nicht weit von Göttingen bei Duderstadt verlief.

Grauenhafte Bilder

Etwas anderes löste ein großes Erschrecken aus, auch in unserer Familie. Von den Besatzungstruppen wurden Zeitungen verteilt, die nicht nur für uns wichtige Informationen enthielten, sondern auch grauenhafte Bilder aus den befreiten Konzentrationslagern. Über die Konzentrationslager hatte es wohl Gerüchte und Vermutungen gegeben. Aber das ganze Ausmaß des Verbrechens wurde erst jetzt offenbar.

Reichlich Kekse

In der Familie wurde nun versucht, das Leben zu normalisieren, was vor allem bedeutete, dass Lebensmittel beschafft werden mussten. Dies gelang erstaunlich gut. Ich kann mich nicht erinnern, dass ich in den Wochen nach Kriegsende gehungert habe. Das kam später. Eines gab es damals in Göttingen überreichlich: Bahlsen-Kekse. Immer wieder mussten wir mit dem Handwagen in den Hainberg ziehen, um Holz für den Küchenherd zu sammeln. Heizen mussten wir in der Jahreszeit glücklicherweise nicht.

Vorhänge zuziehen

Ein besonderes Erlebnis war für mich die Aufhebung der Verdunkelung nicht lange nach dem Ende des Krieges. Jahrelang stolperten wir nachts durch stockdunkle Straßen. Nun fiel wieder Licht durch die Fenster. Viele hatten allerdings vergessen, dass man bei erleuchtetem Zimmern die Vorhänge zuziehen musste, wenn Vorübergehende nicht alles sehen sollten.

Hoffnungsvolles Zeichen

Eine Frage bewegte uns, besonders meine Mutter, in den Wochen nach dem Ende des Krieges ganz besonders: Wie können wir wieder in das Rheinland und damit nach Hause zurückkehren? Schließlich saßen wir in Göttingen fest. Züge fuhren nicht, da die Eisenbahnlinien weitgehend zerstört waren. Wir gingen immer wieder zum Göttinger Bahnhof. Aber es tat sich dort nichts. Als die Göttinger Kleinbahn ihren Betrieb wieder aufnahm, war das für uns ein hoffnungsvolles Zeichen, dass das Verkehrswesen langsam in Gang kam.

Heimfahrt mit Entlausung

Mitte Juni hatten wir dann die Möglichkeit, zusammen mit anderen auf einem Lastwagen in das Rheinland zurückzukehren. Nach langer Fahrt und einer Entlausung in einem Durchgangslager in Düsseldorf durften wir dann auf einer schwankenden Pontonbrücke den Rhein in das linksrheinische Gebiet überqueren. Von da war es nicht mehr weit nach Rheydt. Hier begann dann für mich ein neuer Lebensabschnitt: Ein Leben ohne Krieg, auch wenn die Normalisierung sich noch über Jahre hinzog.

Peter Kuhn flieht während des Krieges mit seiner Familie aus dem Rheinland nach Göttingen. Dort erlebt er den Einmarsch der Amerikaner. Erleichterung macht sich breit – auch wenn sich Peter Kuhn mit seiner Familie nun die Frage stellen muss: Wie kommen wir wieder zurück in das heimische Rheinland?

Kurt Damke

Alex, der Russe von Schierholz

Liebenau, Mai 1945

Nach fast 60 Jahren denke ich immer wieder an Alex, Schierholz' Russen. Er war landwirtschaftlicher Helfer auf dem kleinen Hof gegenüber. Die unselige Zeit war sein Schicksal, er war sechs Jahre alt, ein Kind.

Überall weiße Tücher

Die englischen Truppen kamen links der Weser aus Richtung Minden über Stolzenau nach Liebenau. Deutsche Soldaten hatte man seit ein paar Tagen nicht mehr gesehen. An fast allen Häusern waren weiße Tücher angebracht – auch ich hängte auf dem obersten Spitzboden ein weißes Handtuch aus dem Fenster und ging auf die Straße. Ältere Leute und Kinder standen besorgt beieinander. Vor Schierholz' Haus stand ein hoher, ausgedienter Gittermast. Plötzlich kam uns eine Idee: Da könnte man auch noch eine Fahne anbringen! Schon war eine geholt und an eine Latte genagelt. Schierholz' Russe Alex wurde genötigt, die Fahne oben anzubringen, Eggelings Willi und ich halfen tatkräftig dabei – alle waren zufrieden, dass man daran noch gedacht hatte!

Die letzte Butter

Eine neue Parole: Es hieß, in der Molkerei wird die letzte Butter verteilt. Also schnell hin! Ich kam aber nur bis zum ehemaligen Adolf-Hitler-Platz, ich hörte Panzerketten und sah auch schon zwei englische Panzer von vorn in etwa 300 Meter Entfernung. Wie verabredet tauchten hinter mir drei Schützenpanzer mit SS-Soldaten auf. Es wurde sofort geschossen, ein Haus fing an zu brennen. Wir rannten sofort in die Häuser. Bei Eggelings vorm Haus stand ein Kübelwagen, drei SS-Soldaten standen dabei, der Anführer brüllte: „Weg mit den weißen Fetzen, sonst werden alle erschossen!“ Wie von Geisterhand verschwanden die weißen Tücher. Im Schweinsgalopp kroch ich auf unseren Boden und zog das Geschirrtuch weg. Was kommt nun? Ich blieb liegen und schielte durch das kleine Fenster.

Schierholz' Russe

Der SS-Anführer brüllte weiter: „Runter mit dem weißen Fetzen vom Gittermast!“ Es standen aber nur ein paar alte Leute vor den Häusern, sie trauten sich nicht auf den Mast. „Wird es bald?“, schrie der SS-Mann und fuchtelte mit seiner MP. Jemand hat dann wohl gesagt: „Schierholz' Russe hat sie hoch gebracht.“ „Herholen!“, schrie der SS-Mann. Alex kam, er wusste gar nicht, wie ihm geschah. Kreidebleich stand er vorm Haus und sagte keinen Ton. „Herkommen!“, brüllte der SS-Mann. Wie ein Roboter bewegte sich Alex auf ihn zu. Kurz vor dem SS-Mann riss dieser seine MP hoch und erschoss den jungen Menschen, einfach so. Dann schoss er die weiße Fahne vom Mast. Er brüllte und schrie: „Dieses Kommunisten-Vieh bleibt hier liegen, bis er verwest. Ich werde das kontrollieren, wehe, mein Befehl wird missachtet, dann erschieße ich noch mehr Schweine!“

Laut geweint

Vor lauter Angst habe ich gar nicht gemerkt, dass ich laut geweint habe, bis mein Großvater mich gefunden hat. Egglings Opa und ein paar andere Nachbarn haben Alex zwei Nächte später in Schierholz' Garten begraben, solange musste er als Abschreckung an der Straße liegen.

Während des Krieges beschäftigt der Nachbar von Kurt Damke den 6-jährigen Russen Alex als landwirtschaftlichen Helfer. Kurz bevor die englischen Truppen einmarschieren beobachtet Damke, wie ein SS-Mann Alex erschießt.

Karl-Heinz Fürst

Kinderlandverschickung

Wilhelmshaven, 06. Mai 1945

Am 06. Mai 1945, zwei Tage vor der deutschen Kapitulation wurde meine Heimatstadt Wilhelmshaven an eine Kampftruppe der 1. Polnischen Panzerdivision kampflos übergeben. Die Stadt war zerbombt und so fand das Grauen des fürchterlichen Krieges, entfesselt durch die Naziherrschaft, ein Ende.

Verheerende Bilanz

11.618 Wilhelmshavener waren gefallen oder ihren Verletzungen erlegen. 435 Wilhelmshavener wurden im Bombenhagel getötet. Durch die verheerenden Luftangriffe, darunter 16 Großangriffe, wurde Wilhelmshaven zu 55 bis 60 Prozent zerstört. Damit gehört Wilhelmshaven zu den sechs am stärksten beschädigten größeren Städten in Niedersachsen.

Flugabwehr über Wilhelmshaven: Karl-Heinz Fürst erlebt als Kind die verheerenden Luftangriffe.

Kleine Werftarbeiterhäuser mit Garten
Nachdem meine Eltern sich in der neu erbauten Gemeinschaftssiedlung Federwardergroden (wahrscheinlich größtes zusammenhängendes Wohnungsbauprojekt im Reich 1939 bis 1945) nicht wohl fühlten, zogen wir in die Werftarbeitersiedlung im Stadtteil Bant in Wilhelmshaven. Da wir nach und nach Familienzuwachs verzeichneten, waren die kleinen Werftarbeiterhäuser mit Garten (erbaut 1872 bis 1877) ideal.

Einschulung
Meine Kinderzeit war geprägt durch die zunehmenden Luftangriffe. Ich kann mich noch daran erinnern, dass ich direkt nach der Einschulung in der Ruseler Schule Schutzräume im Keller aufsuchen musste.

Schutz bei Luftangriffen
1940/1941 wurden die Werftarbeiterhäuser zum Teil mit einer Betonplatte verbunden – sie boten vorerst Schutz gegen Splitter und Brandbomben. Hastig, auch nachts, suchte ich mit den Eltern und Geschwistern nach dem Alarm den Splitterbunker auf. Wenige Wochen bot uns ein Flachbunker am Banter Markt bei Luftangriffen Schutz. In den Jahren 1942 und 1943 wurde ein größerer, viereckiger Bunker in der Kreuzstraße in Betrieb genommen, der Hunderten von Menschen Schutz bot und den ich mit meiner Mutter und fünf Geschwistern (1944 sechs Geschwister) aufsuchte. Mein Vater hatte viel Wache und Einsätze als Feuerwehrmann und wurde Anfang 1944 als Soldat eingezogen.

Das Dröhnen der Bomben
Auch nach über 60 Jahren sind Wahrnehmungen in vielfältiger Form, die man als Kind miterlebte, im Gedächtnis geblieben. Sirenengeheul, das hastige Aufsuchen des Bunkers bei Luftangriffen, das Wecken nachts beim Fliegerangriff, das flackernde Licht im Bunker, wenn der Strom teilweise unterbrochen wurde oder ausfiel. Die Leuchtstreifen an den inneren Bunkerwänden, die als Orientierung bei Stromausfall dienten. Auch persönlich miterlebte Einzelheiten: das Dröhnen der Bomben-Einschläge außerhalb des Bunkers. Die zerstörten Häuser und Straßen. Das vorsorgliche

Anziehen von Trainingsanzügen, um bei Nachtangriffen schneller im Bunker zu sein. Es war die Kinderzeit, die wir alltäglich in dieser Form erlebten, verbunden mit Angst. Insbesondere dann, wenn die Stadt mit künstlichem Nebel versehen wurde, merkten wir dies als Kinder.

Zur Bauernfamilie

Mit zunehmenden Luftangriffen begann auch für mich die Kinderlandverschickung. Aus heutiger Sicht hatte ich das Glück, nach Wiefelstede, Kreis Ammerland, zu kommen. Das war so Mitte 1943. Mein älterer Bruder kam etwa zehn Monate später in die Nachbarschaft. Von 1943 bis Juni 1945 war ich bei der Bauernfamilie Knutzen/von Lienen. Von ihnen wurde ich im Dorf abgeholt. Ich erinnere mich noch heute, dass ich eine Karte mit meinem Namen und weitere Hinweise hatte, die man mir umgehängt hatte.

Zwischen Wilhelmshaven und Wiefelstede

In dieser Familie wurde ich als weiteres Familienmitglied freundlich aufgenommen und erlebte meine Kinderzeit mit dem etwas jüngeren Johann von Lienen und besuchte trotz des Heimwehs die Dorfschule in Wiefelstede. In den Ferien oder wenn ich zu viel Heimweh hatte, brachte mich die Tochter, Leni Knutzen, mit dem Zug nach Wilhelmshaven. In der Wechselwirkung „Familienbesuch in Wilhelmshaven mit den Bombenangriffen" und der „Wiederkehr mit Heimweh nach Wiefelstede" erlebte ich meine Kinderzeit in diesen Jahren.

Angriff kanadischer Panzer

Anfang Mai 1945 hörten wir das Dröhnen der Kampfhandlungen. Schnell wurde ein Erdbunker hinter das Bauernhaus gebaut und überall waren auch deutsche Soldaten. Eilig wurden Panzersperren gebaut. Als die Einschläge immer näher kamen, suchten wir den Erdbunker auf. Es war ein bedrückendes Gefühl. Kurz sahen wir in der Ferne die anrückenden kanadischen Panzer. Wertgegenstände wurden vorher eilig vergraben. In der Nachbarschaft wurden einige Bauernhöfe durch Geschosse der anrückenden Truppen getroffen und brannten nieder.

03. bis 05. Mai 1945

Nachdem wir einige Stunden mit kurzen Unterbrechungen im niedrigen Erdbunker ausgeharrt hatten, wurden wir von kanadischen Soldaten aufgefordert, den Bunker zu verlassen, denn man suchte flüchtende deutsche Soldaten. So erlebte ich mit neuneinhalb Jahren das Ende des Zweiten Weltkriegs.

Heimkehr

In kindlicher Erinnerung blieben auch die Kontakte mit den kanadischen Soldaten, die uns mit Kaugummi, Schokolade und Knäckebrot versorgten. Für einige Wochen war der Kontakt zu meiner Mutter unterbrochen. Mitte 1945 kehrte ich mit meinem Bruder in den Kreis der Familie zurück. Mein Vater kehrte erst 1946 aus der Gefangenschaft in Frankreich zurück.

Im Herbst 1945 waren die Vorräte meiner Mutter für uns sechs Geschwister aufgebraucht. Die Zeit der Entbehrungen, verbunden mit Hungerzeiten, begann. Schon kurz danach war ich ab und zu auf Hamstertour, auch bei der Familie Knutzen / von Lienen, da ich ja fließend plattdeutsch sprechen konnte. Aber leider reichte es nur kurz für die große Familie.

Unvergesslich

Der Kontakt zu der Familie Knutzen / von Lienen ist erhalten geblieben. Heute gehe ich ab und zu zur Grabstelle meiner Cousine, die 1944 bei einem Fliegerangriff ums Leben kam. Wenn auch meine Erinnerungen unvergesslich sind, bin ich dankbar, dass wir seit fast 60 Jahren in Frieden leben können. Warum nicht in der ganzen Welt?

Karl-Heinz Fürst ist neun Jahre alt, als der Zweite Weltkrieg endet. Eineinhalb Jahre zuvor kommt er im Zuge der Kinderlandverschickung nach Wiefelstede im Kreis Ammerland. Erst nach dem Kriegsende kann er endlich zu seiner Familie zurückkehren.

Rainer Heeren

Bis ans andere Ende des Reiches

Friedland, Mai 1945

Meine Mutter, meine kleine Schwester Anke, damals fünfeinhalb Jahre alt, und ich (10 Jahre) waren im Mai 1945 schon seit Monaten auf der Flucht, auf der Flucht vor dem Bombenhagel auf meine Geburtsstadt, die Marinestadt Wilhelmshaven.

Wir waren bis ans andere Ende des „Reiches" gekommen, als wir das Kriegsende erlebten. Das Ende der Kampfhandlungen war für uns jedoch nicht das Ende aller Schrecken. Im nördlichen Sudetenland, wo es uns hin verschlagen hatte, war es ruhig. Eine Oase der Ruhe, so erschien uns Friedland im Isergebirge. Die sowjetischen Armeen kämpften in der Nähe von Liegnitz in Schlesien. Die Kämpfe verlagerten sich in der Tschechoslowakei in Richtung Prag und kamen uns langsam näher.

Flucht nach Sachsen

Am 02. Mai 1945 wurde über Nacht aus Lastwagen und Traktoren ein Treck zusammengestellt, der uns Richtung Westen führen sollte. Ich weiß nicht, wer diese Flucht organisierte; es war aber auch uns Kindern klar, dass die Kampfhandlungen näher kamen und wir in Gefahr waren. Nördlich über Görlitz ging schon nichts mehr, denn dort war inzwischen die sowjetische Armee angekommen. Also sollte unser Weg südlich der Reichsgrenze über Jablonne und Svor nach Sachsen führen.

Angst um unser Leben

Tieffliegerangriffe begleiteten uns ununterbrochen, am Tage und in der Nacht. Die Flieger schossen gezielt auf die Flüchtlinge und Trecks, die überall unterwegs waren. Immer wieder mussten wir runter von den Wagen und uns in den Straßengräben in Sicherheit bringen. Wir hatten Glück, von uns wurde niemand verletzt. In einem Waldstück rechts der Landstraße, etwa 100 Meter von unserem Treck

Zwischenstation für Rainer Heeren im Frühjahr 1945: Der Marktplatz in Friedland.

entfernt, sind dann deutsche Panzer aufgefahren, die sich ganz dicht vor unseren Treck setzten. Wir dachten zuerst, die Panzer wollten uns beschützen - das war aber ein Trugschluss, die Panzer fuhren einen Angriff, direkt links neben der Straße. Geschützdonner war ganz nah und wir hatten furchtbare Angst - Angst um unser Leben.

Ängstlich und verwirrt

Maschinengewehrfeuer und einzelne Schüsse waren tagsüber immer zu hören – wir hatten nicht die geringste Ahnung, wer da eigentlich auf wen schoss, die Lage war beängstigend und verwirrend. Nachts waren wir ohne Licht unterwegs, ebenso ängstlich und verwirrt.

Orientierungslos

Nach einem erneuten Tieffliegerangriff – ich weiß heute nicht mehr, wie das passiert war – war unser Trecker plötzlich alleine auf der Straße. Die anderen Fahrzeuge waren verschwunden. Unser Fahrer hatte keine Landkarte dabei und verfuhr sich prompt.
Wir hörten, dass in Leitmeritz die Elbebrücke zerstört sein sollte. Also fuhren wir weiter in südliche Richtung. Es ging weiter über Libochovic nach Laun. Wir kamen sehr weit ins Tschechische und waren natürlich als Deutsche erkennbar. Hass schlug uns überall entgegen.

Schneller voran

Irgendwo hat uns drei ein SS-Soldat in Zivil in seinem DKW mitgenommen. Meine Mutter hoffte, auf diese Weise schneller voran zu kommen. Der Soldat hatte Pistolen, Handgranaten und eine Maschinenpistole dabei. Ob wir mit einem Deserteur gefahren sind, weiß ich bis heute nicht, damals war uns das auch völlig egal.

Durch das Kasernengitter

In Laun, dem nächsten Ort, den wir erreichten, gab es eine große Kaserne, die von der deutschen Wehrmacht genutzt worden war. Vor dieser Kaserne, in der sich jetzt tschechische oder sowjetische Soldaten aufhielten, wurde jedes Auto angehalten, die Stadt war hoffnungslos verstopft. Es ging gar nichts mehr – und wir mittendrin in diesem DKW. Die deutschen Soldaten wurden aus den Autos geholt, in die Kaserne gebracht und dort erschossen. Ich habe es mit eigenen Augen durch das Kasernengitter gesehen.

„Uri, Uri!“

Als tschechische Männer auf unseren Wagen zuliefen, sprang „unser“ Soldat aus dem Auto und lief weg. Er kam nicht wieder. Da uns niemand beachtete, ließen wir einen großen Teil unseres Gepäcks zurück und verließen das Fahrzeug. Vor der Kaserne trafen wir dann auch zufälligerweise unseren Trecker wieder, der uns wieder mitnahm. Sowjetische Soldaten liefen an der Wagenfront lang und verlangten von allen Flüchtlingen mit dem

Ruf „Uri! Uri!“ Uhren, Halsketten und Armbänder. Wenn es nicht schnell genug ging, fuchtelten sie mit aufgepflanzten Bajonetten vor unseren Köpfen herum. Meine Mutter gab ihre Armbanduhr, weiteren Schmuck oder Wertsachen hatte sie nicht mehr, unser letztes kärgliches Gepäck war im Auto geblieben. Nach einigen Stunden ging es weiter. Es wurde nicht mehr geschossen, es gab keine Tieffliegerangriffe mehr.

Sie schliefen

Auf unserem Treckerhänger fuhr auch eine junge Frau Winter mit, die zwei Jungs im Alter von etwa vier und acht Jahren bei sich hatte. Sie gab den Kindern während der Fahrt etwas zu trinken. Erst dem Jüngeren, dann dem Großen. Der Kleine schlief sehr schnell ein, der Ältere wurde misstrauisch und schrie: „Ich trinke nichts! Du willst uns vergiften!“ Er musste trinken. Dann nahm die Frau etwas. Sie schliefen.

„Ich will nicht mehr!“

Ich habe damals nicht genau mitbekommen, was passiert ist, weiß also nicht, ob Frau Winter ihre Söhne und sich selbst umgebracht hat, aber unmittelbar nach diesen Ereignissen ist meine Mutter zusammengebrochen. Sie sprang vom fahrenden Anhänger und lief schreiend neben uns her. Sie weinte sehr, setzte sich auf den Boden und rief: „Ich will nicht mehr!“ Meine Schwester und ich waren noch auf dem Anhänger, das bemerkte sie gar nicht, sie hätte uns fast vergessen.

„Nehmen Sie ihre Kinder mit“

Die Mitfahrer riefen ihr zu: „Nehmen Sie Ihre Kinder mit!“, und halfen uns vom fahrenden Wagen nach unten auf die Straße. Da standen wir nun, mit dem was wir auf dem Leibe trugen und einem Brustbeutel mit einem bisschen Geld, einem Zettel mit unserer Heimatadresse und immerhin unseren Papieren. Bei einer reizenden alten deutschen Dame, die am Marktplatz in Postelberg wohnte, konnten wir

Die Kinder ahnen noch nicht, was auf sie zukommen wird: Rainer Heeren mit seiner Schwester, Weihnachten 1944.

uns etwas erholen und meine Mutter kam wieder zu sich. Der Treck fuhr ohne uns weiter.

Zurück

Meine Mutter, Anke und ich sind dann überwiegend zu Fuß oder mit der Eisenbahn von einer gesprengten Brücke zur nächsten gelaufen bzw. gefahren und mit Lastkarren über Brüx, Bilin, Teplitz und Aussig wieder zurück nach Friedland gelangt. Geschlafen haben wir im Wald, in Scheunen oder auch mal in einem Zug. Überall und in alle Richtungen waren Flüchtlinge unterwegs, die ein Stück mit uns reisten oder uns entgegen kamen. Immer waren wir drauf bedacht in kleinen Gruppen zu gehen, um uns vor Repressalien zu schützen. Mehr als einmal mussten wir mit ansehen, wie marodierende Gruppen von DPs („Displaced Persons“) Mädchen und Frauen überfielen.

Gerettete Leben

Anfang 2004 hat ein Stern-Reporter über seine Flucht mit seinen Eltern aus Dauba berichtet. Nach seinen Recherchen sollen in Postelberg im Mai 1945 rund 2500 Flüchtlinge und Einheimische von Milizen auf Befehl eines Hauptmanns

Cerny erschossen worden sein, auch 14- bis 16-jährige Jugendliche, die an keinen Kampfhandlungen beteiligt gewesen waren. Tschechische Zeugen haben dies bestätigt. Wir selbst haben etwa zwei bis drei Jahre nach unserer Flucht über das Rote Kreuz Nachforschungen über den Verbleib der Menschen, die mit uns auf dieser Flucht waren, angestellt. Es gab keine Hinweise auf deren Aufenthaltsort oder eine erfolgreiche Flucht. Der Zusammenbruch meiner Mutter hat ihr, meiner kleinen Schwester und mir das Leben gerettet, davon bin ich heute überzeugt.

16. Mai 1945

Am 16. Mai 1945 waren wir wieder in Friedland. Der nächste Tag war mein elfter Geburtstag. Das Geburtstagsgeschenk: ein Stück Harzer Käse. Als Reichsdeutsche wurden wir 14 Tage später aus der Tschechoslowakei ausgewiesen und kamen schließlich nach Niedersachsen. Aber das ist eine andere Geschichte.

Als Rainer Heeren zehn Jahre alt ist, muss er mit seiner Mutter und seiner kleinen Schwester aus Wilhelmshaven flüchten – die Bombenangriffe werden zu gefährlich. Monatelang irrt die Familie begleitet von Elend und Grausamkeit bis „an das andere Ende des Reiches“. Ein Nerven-Zusammenbruch der Mutter bewahrt schließlich die Familie vor dem sicheren Tod.

Bildnachweis

Titel: Stadtarchiv Uelzen (2), Fröhlich, Michael (1)

Behrensdorf, Kurt: Seite 152, 153, 155, 157
Bleeck, Otto: Seite 48
Bohne, Horst: Seite 64, 65
Bollmann, Josef: Seite 167
Breßler, Herbert: Seite 117
Brink, Max: Seite 9, 10, 11, 16
Damke, Kurt: Seite 180
Diedrich-Wächter, Helga: Seite 76, 78, 79
Eisermann, Walter: Seite 144, 145, 148
Heeren, Rainer: Seite 181, 186, 189, 190
Janßen, Dietrich: Seite 110
Japtok, Ursula: Seite 119, 121, 126
Klusmann, Heinz: Seite 71, 72, 75
Kriesten, Erna: Seite 30
Kröger, Angela: Seite 51, 55
Laß, Hilde: Seite 170, 171, 172, 173
Lechte, Günther: Seite 128
Lenz, Johanna Gerlinde: Seite 43
Marggraf, Günter: Seite 113, 115
Saathoff, Günther: Seite 134, 137, 138
Schwerdtfeger, Heinz: Seite 21
Siedentopf, Werner: Seite 150
Stadtarchiv Uelzen, Seite 100 – 108
Stahlfeld, Frauke: Seite 169
Stüber, Günter: Seite 158, 161
Tegtmeyer, Günther: Seite 87, 88, 92, 93, 94
Voß, Christa: Seite 81, 85
Waller, Rolf: Seite 95, 97, 98, 99
Weichsler, Hans: Seite 62
Wirz, Luise: Seite 129, 130, 131, 132, 133

Wir danken allen Verfassern für die Bereitstellung von Fotos. Ein besonderer Dank gilt Dr. Reimer Egge vom Stadtarchiv Uelzen und Dietrich Janßen vom Bunkermuseum Emden.